「弱いままで働く」

やさしさから
始める小さな
リーダーシップ論

Ger

エミ

古賀祥子 訳

KADOKAWA

推薦の言葉

「エミリア・エリサベト・ラハティは、シスについて誰よりも多くのことを教えてくれた。この素晴らしい著書で、彼女は強さと厳しさは同じものではないことを示してくれる。『精神力で困難を乗り越える』という根拠のない通念に対する待ち望まれていた対処法と、一人の女性が『やり抜く力』と自己実現の真の源を発見するまでの道のりを率直に描いた感動的な物語がここにある」

——アンジェラ・ダックワース博士

マッカーサー・フェロー受賞者、ペンシルベニア大学ローザ・リー＆エグバート・チャン記念教授、ニューヨークタイムズ紙によるベストセラー『やり抜く力：人生のあらゆる成功を決める「究極の能力」を身につける』著者

「この真情にあふれた、心をつかまれる一冊は、パワーとリーダーシップを最大限に発揮することを目指す感動の旅へと読者をいざなう」

——エマ・セッパラ博士

イェール大学経営大学院講師、『自分を大事にする人がうまくいく：スタンフォードの最新「成功学」講義』著者

「ポジティブ心理学のとくに重要な代弁者の一人の手になる美しい著書。時に心を癒し、時に行動を呼びかける本書は、他者の人生を変え、人々が力を与え合いつながり合う希望ある世界への力強い道筋を見つける方法を、歯がゆい思いを抱えつつ模索しているポジティブな闘士にとっての深い泉となる一冊だ」

——ショーン・エイカー

ニューヨークタイムズ紙によるベストセラー『ビッグ・ポテンシャル 潜在能力を最高に引き出す法』『幸福優位7つの法則』著者

ステファン・ルブラン（1966〜2021）に捧げる。

ステファンの品格、寛容さ、そしてやさしいシスは、本書が生まれる力となった。

彼自身の言葉で言えば、「愛はこの世界に存在する最もパワフルな力」なのだ。

我々は荒々しい兵士であり、
優しい養育者であり、
その間にあるすべてのものであるのです。

——ピーター・リヴァイン[*1]
（藤原千枝子訳『心と身体をつなぐトラウマ・セラピー』より）

まえがき　「やさしい力」へのいざない

愛は人生の基本要素であり、いつでもそこにあって、私たちがそれを覆い隠すベールを外すのを待っている。一方、パワーも私たちの基本要素で、愛と相まって、私たちがもてるエネルギーと潜在能力をどのように発揮して生きていくかの設計図を描く。この2つの基本要素が調和して表れたものを、私は「ジェントルパワー」（「やさしい力」の意味）と呼んでいる。

本書は、私がこれまでの人生で、愛とパワーについて試行錯誤しながら懸命に学んできた成果だ。**その構想は、どうすれば他者との境界線や自尊心を手放すことなく、自分と他者のために思いやりをもって行動できるかを探求する中で生まれてきた。**毅《き》然《ぜん》としながらも愛情深くなるには――そして、愛情深くありながら毅然としていられるには――どうすればいいかを追い求める過程で、自分の能力と好奇心と勇気の限界に達したことが数えきれないほどあった。

本当のことを言えば、まだ学んでいる途中だ。うまくいくのと同じくらい失敗していると感じることもよくある。それでも、何かを達成するより、学ぶことを大事にするように見方を変えると、話しぶりがどこか変わることに気づいた。その新しい視点から見ると、経験するすべての失敗が、まるで歓喜の瞬間が訪れたように、愛とパワーについて学ぶチャンスに見えてくる。

この探求の道のりの中で、私は自分の隠れた弱点と、すでに光が当たっている部分を両方とも見つけるために、ある国を走って縦断した。古代から続く武道の英知を通じた視点を得ようと、遠い外国の辺鄙《へんぴ》な山寺を訪ねたこともある。そうする中で私は、講演者として世界的な舞台に立つことで、人前で恥をかくことへの恐怖感を克服するように迫られたり、間違って愛だと思い込んでいたものによって粉々に打ち砕かれたりもした。そうした経験を通じて、私は暴力的虐待のトラウマを乗り越え、人を愛し、信じる勇気を取り戻した。

時がたつにつれて私は、自分が実現したい未来をつくる責任はすべて自分にあることと、そしてそのために、自分自身のストーリーの主人公としての主体性を見出《みいだ》すというビジョンをもつことを学んだ。「失敗」と思っていたことはすべて、ここにつながった。誰かが叩《たた》く太鼓のリズムに合わせるのはやめて、人間関係の「もつれ」と本物の人間関係を混同し、うぬぼれを自尊心と勘違いしていた、若さゆえの世間知らずな認識から抜け出すこともできた。結果として、私は自分の中の「剛」と「柔」の調和を発見するのに必要なあらゆる道をたどることになった。「ジェントルパワー」というその領域から、私はようやく他者との間に偽りのない本物のつながりを築けるようになった。

本書の核となるテーマは、愛とパワーを発見し、それを上手に操ることだ。人生の基本要素の一つであるパワーは、人と人とが出会い、会話し、メッセージを伝えるたびに、両者の間を行き来する。あらゆる行動、身ぶり、思考、言葉には、パワーを相手に与えるか、相手から奪う力がある。**愛と同じように、パワーは抽象概念ではなく、むしろ行為を表す動詞だ。**その動詞をどう表現するかが、その人が世界にどう貢献するかにつながる。それは、今、ここにある私たち人間の遺産であって、結果として私たちは、人間としてさらに成熟していくことを求められる。

私は長いこと熱心な人権活動家として、思いやりや個人としての責任、そして公正さの重要性と緊急性について人々に理解してもらうために膨大な労力を注いできた。自分のアイデアやアドバイスをＳＮＳで積極的に発信し、女性の地位向上に取り組む団体を運営してコミュニティ形成に貢献した。人類の未来を憂える思いが日々活動を続けるエネルギーになっていたが、それは同時に、夜眠れなくなる原因にもなった。世界中で目にする不公正や人々の苦しみで頭がいっぱいになっている私を見かねて、当時のパートナーが、せめて週に1日（金曜日）は休みをとって、ネットで悲観的なニュースばかり検索するのも、請願書に署名を集めるのも、フェイスブックに投稿するのもやめたらどうかと提案してきた。とにかくもっと人生を楽しめよ、金曜日は「大騒ぎしない日」にしよう、と。本当のところは、この「大騒ぎしない金曜日」は私よりも彼自身のためだったと思う。どんな尊い目的のためでも、いつも世界を背負っているような人と一緒に過ごすのは重荷になることもある。あとで解説するとおり、私たちが人生で引き受ける重荷は、他者との境界線、パワーとの関係性、さらには愛に関する経験と大いに関係があるのだ。

私たちの最も深いところにある強さは、
自分と他者に対するやさしさと大きな関係がある。

ここ何年かの間に、私は自分にも他者にも以前よりやさしくなれるようになったのに加えて、世界をよりよい場所にするためにつねに正しいことをし、絶えず努力しなければならないという思い込みを手放せるようになった。それに、自分を「教師」や「専門家」だと考えることにもこだわらなくなった。今の自分の立ち位置から見れば、私にできる精一杯のことは、自分を磨きつづけ、他者を励ましつづけることだ。日々、浮き沈みを繰り返す中で、私は学び、成長し、自分の中にある、他者を愛し、思いやる能力を妨げている部分を癒しつづけていると信じている。何についても、私は自分の経験を書き留め、そのストーリーを人に伝えている。本書はそんなストーリーの一つだ。

先ほど触れた私が「走って縦断」した旅とは、ニュージーランドの南から北まで約2400キロを単独走破したことだ。当初は、この距離を50日で走りきるのを目標にしていた。信頼するスタッフ（といっても1人だが）に食事などの実際的なニーズをケアしてもらいながら、毎日、通常のマラソンより長い距離を走らなくてはならない。言うまでもないが、心と体の境界線が試されるようなとても個人的で孤独な経験で、準備に約2年を要した。そしてこの旅は、「シス」をテーマにした博士論文のためのフィールドワークも兼ねていた。シスとは、当時はまだそれほど広く知られていなかったフィンランド特有の概念で、粘り強さや内面の強さ、人間の精神の無限さに関係する。たった一人で走りつづけた苦しい日々に学んだことは、私の人生を変えた。今ではそのときの教訓が、人間の行動と意識をテーマにした研究活動だけでなく、プライベートな生活でも基盤になっている。シスは何世紀も前から、絶対にあきらめない人並み外れた意志の強さのことだと考えられてきた。けれども意外なことに、私はニュージーランド縦断の旅を通じて、固い決意や厳しさよりも、あきらめることや柔軟さについて学んだことのほうがはるかに多かった。むしろ、私たちの最も深いところにある強さは往々にして、自分や他者に対するやさしさと大きな関係があるということを学んだのだ。

この旅はまた、「シス・ノット・サイレンス」というキャンペーン活動を立ち上げる機会にもなった。この活動は、対人的な暴力——心理的、身体的、性的虐待も含めて——の経験に不当にも付随しがちな「恥」の意識を取り除き、そうした非道な行為を乗り越えてきた何百万人もの人々の強さを称《たた》えることを目指すものだ。それを克服した当事者であり、社会科学者でもある私は、パートナーなどからの暴力（DV）の被害者は、弱い、欠点がある、場合によってはその本人に落ち度があるとみなされがちなことに気づいた。こうした見方は、被害者がその体験をなかなか人に話せずにいることと決して無関係ではない。これが理由で、私は何人かのボランティアと一緒に、世界規模の「シス・ノット・サイレンス」のキャンペーンを企画した。このキャンペーンの一環として、ニュージーランドで私が走るルート沿いの各地で、どんな種類の虐待も決して許さない思いやりの文化の創出を呼びかけることを目的に、全15回の参加型イベントを実施した。

シスにはさまざまな表れ方があり、中には害になる場合もある。シスがジェントルパワーの形で表れたとき、それは、苦痛を柔軟さによって乗り越えた、あるいは、固い決意よりも優れた判断力が勝ったということだ。私はニュージーランド縦断走に備えて体のトレーニングをしたのと同じぐらい、根深く刻まれた思い込みを克服するために、心もトレーニングしなければならなかった。**たとえば、「進歩には痛みがともなう」「苦しみは誇るべきこと」「困難は精神力で乗り越えられる」といった思い込みだ。**けれども、私がニュージーランドでやり遂げたことを、大変な重圧を感じながらも、自分を尊重しながら全うできたのは、ジェントルパワー（「温かみのあるシス」と呼ぶこともある）を発揮できたからこそだった。何を犠牲にしてでも目標を達成することは私には向いていないこと、そして「何事も精神力で乗り越えろ」というメンタリティは、自分がリーダーとして掲げたいメッセージではないことを学んだ。そうしたメンタリティの代わりに、「そのときの状況に精神を調和させる」という別の考え方への理解を広めたいと思った。

人生は、それ自体が究極のウルトラマラソンだ。**長く変化に富むその道のりでは、自分自身を知り、だんだんと自分のペースをつかみ、自分の心と体に生まれながらに備わった知恵に対する自信を深めて、荒れ地から調和という緑豊かな草原へと歩を進めていけるチャンスに数えきれないほど出合う。**私の場合は、ニュージーランドを走っている間に、こんな問いを自分に投げかけるようになった。「私は自分の決断とふるまい方を通じて、どんな模範を示しているだろう？」「つねに自分と他者を尊重しながら、この挑戦を続けていくにはどうすればいいだろう？」「私はどの程度まで、今この瞬間のいちばん望ましい行動を賢く判断することではなく、昔からの習慣が作り上げた心の中の『自動操縦装置』に従って行動しているだろう？」こうした問いかけが、やがて私を、自分の存在を犠牲にしてでも成果をあげ、義務を果たすことを求める重圧から解放してくれた。問いへの答えを探すことを通じて、何事にもつねに必死に取り組まなければならない、「正しい」ことをしなければならないという思い込みを乗り越えることができた。自分という存在の、それまであまり探ってこなかった部分への入口を見つけたようだった。その部分とはつまり、達成することよりも理解することを、際限のない自己証明よりも調和を、そして称賛よりも誠実さを大切にする自分だった。

「自己リーダーシップ」は、私たちが自分に与えることができる何よりも大事な贈り物だ。そして、何よりも意味のある、世界への贈り物でもある。なぜなら、このグローバルなデジタル社会の時代には、私たちの行動の波及効果がはっきりと目に見え、あっという間に広がるようになっているからだ。一方では、オンラインで発信された誹謗《ひぼう》中傷のメッセージがもとで、何人ものティーンエイジャーが自殺に追い込まれている。また他方では、SNSを活用して前向きな行動を鼓舞する人たちがいる。たとえば、難病の筋萎縮性側索硬化症（ALS）の研究を支援しようと始まった「アイス・バケツ・チャレンジ」の活動は、アメリカALS協会への1億1500万ドル（約180億円）を超える寄付につながり、この病気の認知度向上にも役立った。こうしたことは、ただ「起こる」のではない。その舞台裏には、自分が人間の命の価値をどう見積もるかにもとづいて選択をする人々がいる。つまり、ここにはパワーとやさしさ、そしてリーダーシップが基本的な要素としてある。これらはすべて、社会システム全体によかれ悪《あ》しかれ影響を与える要素なのだ。

不確実で、めまぐるしく変化し、すべてがオンラインでつながれた現在の世界では、リーダーシップとリーダーシップ養成がかつてないほど緊急に求められている。

本書ではリーダーシップの意味を問いなおし、肩書や地位としての意味だけでなく、

人生における役割として、またつねに継続する責任としてとらえなおすことを提案する。リーダーシップの理論的な枠組みを変えるなんて、さぞ大変だろうと思われるかもしれないが、私たちはこの新しい時代の入口に、何の備えもないままたどり着いたわけではない。私たちには、古今のさまざまな文化の知恵と、探求心の強い人生の巡礼者たちが苦労の末に得てきた教訓がある。そして、自分自身の経験という、何にも比べられない宝物ももっている。そこで本書では、どうするべきかを示すよりも、何があったか、何をしたかを説明する形で話を進めていく。私自身にとってうまくいった考え方や実践法を紹介しながら、読者の皆さんが自分自身の知恵や経験を見つめなおすことで、自分なりのジェントルパワーとの関係を築いていけるようにうながしていきたい。

アメリカの公民権運動を率いたマーティン・ルーサー・キング・ジュニア牧師の1967年の著書に、こんな言葉がある。「必要なのは、愛のないパワーは無謀で暴力的であり、パワーのない愛は感傷的で無力だということに気づくことだ。パワーの最善の形は、正義が要求するものを実現する愛なのである」[*1]。本書がこの気づきをうながし、あらゆる人と人とのやりとりにおいて、パワーが果たす基本的な役割を理解する助けになることが私の願いだ。また、皆さんの中に潜んでいるやさしさの力を見つける助けにもなればと願っている。

向き合おうとしているものが彼方《かなた》の頂であれ、心の中の谷間であれ、私たちの人間としての最も感動的な資質は、前に進みつづける勇気と持続力だ。人間がもつこの性質によって、障壁だったものが未来のフロンティアに変わり、荘厳な夜明けの情景が日の出とともに消えていくように、かつて恐れていたものが溶けてなくなる。そうやって私たちは、「ホモ・オーバーコミュス（克服する人間）」とでも呼ぶべき「種」になるにいたった。シスとは、つまりそういうものだ。自分たちが消えてなくなることを断固として拒む、内なる永遠の火花だ。そしてジェントルパワーは、その火花をさらに輝かせる。すべての生命あるものを慈しみ、シスの火花に品格と思いやり、がまん強さ、持ちこたえる強さを与える力だ。

ジェントルパワーは社会を変える力になると、私は確信している。**ここ10年ほどの間に、思いやりのあるリーダーシップや、コミュニケーションを促進するソフトスキル、職場や地域社会での心理的安全性がもたらすメリットに関する研究や文献が続々と発表され、その勢いはとどまることなく、私たちの集団としての意識に入り込もうとしている。**思い上がったエゴや稚拙なリーダーシップの事例が、公的な場（そして

SNS上のいたるところ）にあふれていた時代を振り返って、こんなことがこれほど長い間容認され、ときに美化されてきたなんて信じられないと呆《あき》れる日が、いつかきっと来ると思っている。

本書は、リーダーとしての学びの旅路への招待状だ。ここでは私自身の経験に加えて、さまざまな分野の研究者や、子育て中の親、起業家、学校の教師、友人や家族、いろいろなタイプのリーダーの話を紹介する。そうした方々の知恵と経験が、本書の土台を形づくっている。読者の皆さんにも、ぜひこの旅に加わっていただきたい。前向きに参加していただくことで、本書はあなた自身のストーリーにもなるのだから。

第1部　リーダーシップとパワーを問い直す

第2部 やさしさとは何か

第3章 なぜ、自分に厳しくすることを選んでしまうのか……84

第3部 不屈の強さ

第4部 やさしさの性質

第5部 日常生活から変える

序章　やさしさと内面的な強さ

　あれは38歳の誕生日だった。私はカリフォルニア州のロスパドレス国立森林公園にあるコテージのウッドデッキに座っていた。辺りはひっそりと静まり返り、雲一つない夜空に散らばる星々が、何光年もの彼方からこちらを見つめるように輝いている。そこは、私の五感をやさしく呼び覚ます何か不思議な存在感に満ちていた。そのとき、周囲の空気の密度が急に上がったような気がして、暗い11月の空を背景に巨人のようにそびえ立つ木々のこずえの中に気配を感じた。大昔から存在する何かが長いときをかけてこちらに近づいてきていて、今まさにその姿を現そうとしているかのようだった。すると次の瞬間、一陣の強烈な風がアカスギの木立を吹き抜け、地上にある何もかもを揺らした。静寂のひとときが一瞬の間に動き出し、堂々と姿を現すなり出合ったすべてのものを動かし、反応させ、形を変えさせる、目に見える力へと変容したのだ。

　その一瞬の前には、まったく別の種類の動きがあった。人の感覚をやさしく呼び覚ます力だ。木々と風が織りなす調和の中に、私はそれを感じられた。その力は何気なくそこにあり、エネルギーも圧力ももたず、押しつけや無理強いもせず、誰の邪魔にもならない。しなやかさと重厚さ、柔らかさと強靭《きょうじん》さ、もろさと屈強さがこんなにも美しく共存でき、日常の思いも寄らない瞬間に踊るように混じり合うことを、自然があらためて見せつけてくれたのだ。そして、この種の調和を目にすることがどんなに心地いいか、このような存在に対して目を開くことが私たちにいかに必要かをも思い出させてくれた。

現代の世界は、リーダーたちが（もっと言えば、それに追従した人たちも）犯した過去の過ちの重荷を背負わされ、危険なほどきしんでいる。公衆衛生、グローバル市場、所得格差、環境、家族関係の問題、さらに地域の全住民の避難民化や世界規模の紛争、そして最悪の場合は戦争の激化まで、あらゆる危機が重なり合った破滅的な状況に私たちは直面している。私たちのリーダーたちは、富と権力《パワー》がごく少数の手に集中する一方で、世界の大部分の人々は精神的な苦痛と経済的な困難の中で、何とか命をつなぐ以上の見込みはほぼない状況に取り残されるシステムを作り上げてしまった。

こんな状況は必然ではないはずだ。人間の思考には、恐れることなくすべての人の利益になるようにそれを働かせさえすれば、魔法のような力がある。私たちの地球には、世界中の人々の安定した暮らしを支え、夢にも思わなかったような革新的な解決策を生み出せるだけの資源がある。けれども、私たちが「結束」という共通のビジョンを軸としてまとまらないかぎり、それは実現しない。結束の最も小さい単位は「私」から「私たち」への意識の転換であり、それは日々の行動の中で、そしてもっと大きな規模においても、お互いに力を与え合えるようなリーダーシップを発揮することを意味する。「力を与える」とは、相手が自信をもてるように、そして主体性を保つのに必要な（心的または物質的な）資源にアクセスできるように支援することだ。しかもそれを、相手は自分の中にある強さと目的意識を深く実感したとき、こちらの願いとは違う道を望むかもしれないことを知りながら行う。つまり、たとえば自分の子どもに、将来の仕事やパートナーを選ぶ全面的な自由を与えるということだ。あるいは、大切なパートナーが別れを望んだときに、潔く思いやりをもって解放してあげることもそうだろう。真のリーダーシップとは、たとえその役割が指導、監督することであっても、相手の自由と自立を尊重する意思がその根底に必ずあるのだ。

実際にはリードするのに必要なことをしないまま、リーダーになりたいと望む人々が、私たちによくない影響をもたらしてきた。それと同時に、真のリーダーシップの価値観を共有する新しい社会が生まれる可能性が、今ほどはっきりと感じられる時代はこれまでなかった。世界中の人々が、「今、ここ」に存在すること、ペースを落とすこと、自分を見つめ直すこと、人と人とが互いにつながり合うことに価値を置く分野に興味を抱くようになりつつある。数十年前にはごく一部の愛好者以外は聞いたこともなかったような活動（たとえばマインドフルネスやヨガなど）が今では一般的なものになり、世界屈指の有力企業の職場でも取り入れられている。この種の変化のペースは、全体から見ればゆっくりで目立たないように感じられるかもしれないが、来るべき時代を示唆していると私は確信している。それは、人間どうしの時代遅れの関わり方を捨て、リーダーシップと協調の新たな領域に足を踏み入れる時代だ。

本書は、人間関係のあらゆる領域に応用できる普遍的なビジョンと戦略について解説している。私はここ数年、「ジェントルパワー」と名づけた概念について研究してきた。これは、いわば誠実さを原動力とする精神的な強さを指し、人間の強い面と柔らかい面のバランスを培う能力だ。ジェントルパワーは、人と人とのつながりよりも競争に、目的や存在よりも利益に価値を置くようになった今の世界にバランスを取り戻す力になると私は考える。人間らしさを犠牲にしてでもつねに成果をあげろと鼓舞するメッセージばかりが聞こえてくる世界で、多くの人が道を見失い、自分の潜在能力を発揮できずにいるのは不思議ではない。ジェントルパワーは私たちを、力強く前に進みながら、心の内をしっかり見つめるように導いてくれるのだ。

フィンランド特有の概念である「シス」も、本書で大きな役割を占める。**シスはほかのどの言語にもまったく同じ意味の言葉はないが、逆境に直面したときに発揮される一種の並外れた精神力を指し、どんな障害があろうと決してあきらめないことを意味する。**何百年も前に起源をもつシスは長いこと国外に知られることはなかったが、フィンランド人の間で何世代も受け継がれてきた生き方であり哲学だ。とはいえ、意図的に秘密にしていたわけではない。フィンランド人にとってシスはいわば空気のようなもので、靴ひもの結び方のように自然と身についた習わしだ。たいていは意識もしないので、それについて話すこともない。フィンランド人の多くは、自分の個人的な話をして何とかシスを説明しようとするが、世界の歴史の大半では、シスはとらえどころのない、ほとんど理解されないものだった。独特な概念なので、意味を説明するより例をあげる方が簡単だ。シスの例としてあげられるのは、乗り越えられる可能性はごく低い障害にぶつかり、自覚している以上の能力を発揮するしかない状況が多い。自分が先入観としてもっていた精神的、あるいは肉体的限界に達したときに、それまで発揮されたことのなかった内なるエネルギーがまるで魔法のように湧き上がり、次の段階へと前進させてくれる。大きな逆境に耐え抜いたり、想定をはるかに超える目標を達成したり、どうすればいいか皆目わからなかった困難な挑戦をやり遂げたことのある人は、シスを経験したはずだ。

シスという言葉が世界の舞台に華々しく登場したのは、第二次世界大戦中のことだった。どちらかといえば小規模なフィンランド軍があらゆる予想を覆して、侵攻してきた強大なソビエト連邦軍に抵抗したのだ。当時の記録的な寒さだった真冬の105日間にわたって続いたこの戦闘は、フィンランドでは今でも「奇跡の冬戦争」と呼ばれる。1940年1月14日付のニューヨークタイムズ紙は、「シス：フィンランドを説明する一語」[*1]と見出しに掲げた。ところがその後、シスは再び忘れられた存在となり、フィンランド人以外では、この国の長距離走の輝かしい歴史に詳しいマラソン愛好家くらいしか知らなくなった。

シスは文化や生き方であると同時に、きわめて個人的なものでもあり、人に「石壁さえも突き破る」[*2]力を与えるといわれる。文字どおりの石の障壁であれ、恐れ、恥、疑いなどの壁にたとえられる感情であれ、それを突き破り、何があろうと前進しつづけ、反発への不安があっても真実を訴え、可能性は低くても大きなチャンスに賭けることができる美しい心と内なる力を、私たちの誰もがもっている。

私は生まれながらのフィンランド人だが、心理学的概念としてのシスの研究にいたった道は、偶然のように思える。研究を始めたきっかけは、今から12年ほど前に暴力によるトラウマを受けた個人的な経験にある。私は半年ほど付き合っていた当時の恋人と一緒にニューヨークに移住してきたばかりだった。だが、それからほどなく2人の関係は悲惨な方向へ向かう。マインドコントロールがしだいに激しくなり、やがて身体的暴力にまで発展した。最終的にその彼は有罪判決を受け、アメリカから国外追放された。振り返ってみれば、危険信号は最初からずっとあった。不安をあおるような嘘や嫌がらせ、私自身の資質や能力に疑いを抱かせるような言動、ときにめまいがするほどの激しい感情の爆発、関係を一気に深めようとする強引さ。彼は当時の私の共依存性と自尊心の低さにつけ込んだのだ（あの頃の私は「共依存」や「自尊心」という用語さえ知らなかったと思う）。正気ならノーとしか言えないはずの状況ではっきりノーと言う術《すべ》も、まだ学んでいなかった。人の善意を固く信じて疑わない私の性格も、彼は利用した。**ジェントルパワーの視点で見れば、私は間違いなく「やさしい」側に偏りすぎていた。**彼が癒され、心が満たされるようにしてあげることが私の不運な務めなのだと、本心から信じていたのだ。

　虐待の日々から抜け出す道を探そうと、そもそもこんな関係に陥る事態につながった自分の判断を一つずつ思い出してみた。その過程で、「個人の潜在力《パーソナルパワー》」と「自己リーダーシップ」という概念について、そしてこの2つが、人間に極端に過酷な逆境を乗り越えさせる上でどんな役割を果たすかについて考えはじめた。この問いがやがて、私の目を母国とシスに再び向けさせたのだ。好ましい形で発揮された場合のシスは、世界の「幸福な国」や「汚職が少ない国」のランキングでフィンランドがつねに上位にランクされる理由の一つだと考えられる。シスは誠実さと密接に関連していて、フィンランド人は誰も見ていないときでも最善を尽くすことで知られている。たとえば、数年前に『リーダーズ・ダイジェスト』誌が、世界の各都市で現金50ドル相当と連絡先、家族写真、名刺を入れた財布をわざと置き忘れ、戻ってくるかどうかを確かめる実験を行った。[*3] フィンランドの首都ヘルシンキでは落とした財布12個のうち11個が持ち主の元に戻り、「世界で最も正直な都市」と評されることになった。

シスは単なる「不屈の強さ」ではなく、考え、リードし、人生に向き合う様式全体を指す。

このところ、北欧のライフスタイル全般や、デンマークの「ヒュッゲ」(居心地のよさや満足感を大切にする心の持ち様）、スウェーデンの「ラーゴム」（「ちょうどいい」「バランスのとれた暮らし」の意味）といった概念が注目されているおかげもあって、シスも世界的に関心を集めるようになっている。しかし残念なことに、主流メディアではシスは往々にして、フィンランド人がもつある種の特性や基準を民族固有の不変の文化ととらえる一種の「文化本質主義」に単純化されてしまっている。シスが発揮されるのは、長距離走や寒中水泳に挑戦したり、頑強に抵抗したり、熱いサウナに長時間入ったりするときだけではない。現代のほとんどの自己啓発書が成功の極意とうたう、精神的な強さや粘り強さのもつ魔法の力というだけのものでもない。

ほかの言語にはシスに相当する類義語は存在しないが、文化的な親戚のような言葉はいくつかあり、どれも大きな危機に瀕《ひん》したときに、自分の中にある何か素晴らしいものを掘り起こす意味合いがある。**たとえば、日本語の「がんばる」や「がまん」、イディッシュ語とヘブライ語の「フッパー」、イディッシュ語の「ルハトヒラ・アリバ」、スペイン語の「ラズミア」などだ。**シスがこれらと明らかに違うのは、シスは実体のあるものを明確に指すことだ（文字どおりには「はらわた」「内部」「胃腸」といった意味）。シスはそれ自体を「見る」ことはできなくても、苦境にあるときのシスの影響力は目に見えるし、力強く生きていくためにはほぼ代えのきかないものだ。とはいえ、シスにはそれ以上の意味がある。人が考え、リードし、人生に向き合う様式全体を指し、そこには誠実さ、正直さ、判断力、主体性など、人間の深いところにある資質がかかわるのだ。

シスが最高の形で発揮されたものが、私の言う「ジェントルパワー」だ。それは、人生そのものへのバランスのとれた向き合い方であって、とくに物事をどう判断するかや、人とどのように関わるか、苦しいとき、平穏なときにそれぞれ自分をどう見るかに表れる。ただし、シスには影の部分もあり、そちらが発揮されたときには、人生において成長し、成功する妨げになることもある。シスとジェントルパワーに関する私の研究は、好ましい形のシスを使って、リーダー、文化、人間生活をよりよい方向へと形づくっていくことを目指している。この目的でのジェントルパワーは、共感をもって話を聞くことや、非暴力的なコミュニケーション、効率的な問題解決といった「ソフトスキル」の大切さを呼びかけるだけのものではない。ジェントルパワーは、単なるスキル構築とは微妙に意味合いが違う。自分の価値観、思考パターン、行動、周囲の世界に及ぼす影響に意識的になり、その意識をよりよい行動として体現することを意味するからだ。ジェントルパワーは内面のシフトであり、人間のもつ強さと柔らかさの両極を化学反応のように融合させることだ。これはごく私的で個人的なプロセスだが、同時にコミュニティや社会全体に波及するものでもある。

本書は、自分の人間としての潜在能力をフルに活用したいと願うすべての人を対象にしている。本当の意味で本書を役立てていただくには、自分の内面を探り、新しい境地を目指す旅を始める覚悟がいる。とはいっても、何も私のようにニュージーランド縦断マラソンまでする必要はない(何千キロも走ってやっと頭が働くほど鈍い人ばかりではないだろう)。私が苦しんだ末に学んだように、たいていは「少ないほうが得るものは多い」ものだし、苦難と自己犠牲ばかりの日々は、それ自体が立派なこととも限らない。ジェントルパワーを目指すあなたの旅が少しでも多くのやさしさに恵まれること、そして、その途上でどんな困難に出合ったとしても、終わってみればそこに意味があったし、ためになったと言えることが、私の心からの願いだ。ただし、その旅がどのような形をとるかにかかわらず、あなた自身のアイデアや問いを日々の実践に積極的に取り入れることが必要になる。それがなければ、本書は大して役に立たないだろう。

本書を書いたもう一つの目的は、リーダーシップとは私たちが従来教えられてきた以上に、意識と判断力の問題だという私の確信をお伝えすることだ。シスとジェントルパワーの観点から見ると、リーダーシップとは私たちの奥底に眠るやさしさの力を呼び起こし、真剣に取り組んだ内面的作業の成果を世界に役立てることだ。リーダーシップは誰でも毎日の生活の中で発揮することができる。世界を飛び回る有力者や、政治やスポーツ、ビジネスの世界で偉業を成し遂げた人だけの特権ではない。生まれもった潜在力を探る中で、誰もが自分の中にあるパワーとリーダーシップを計算に入れることになるはずだ。

ここから先の各章では、やさしさと内面的な強さという概念を検証しながら、豊かな風景をめぐる自己探求の旅へご案内しよう。やさしさと強さが融合することで、私たちがどのように考え、リードし、成功し、世界に姿を見せるかの土台が築かれる。リーダーシップとは、すなわちインパクトのある行動だ。リーダーとして成功するかどうかは、そうした行動を通じてどのような世界を構築するかにかかっている。したがって、この探求の旅では不屈の強さとやさしさのバランスを探っていき、最後に、日々の実践（サンスクリット語で「サダナ」と呼ばれるもの）を通じて自分の中のジェントルパワーを認識し、培っていくための指針を提示する。本文中には皆さんの旅をサポートするため、じっくり自分を見つめ直すヒントになる問いかけを、とくに第14章を中心にいくつか挟んでいる。その問いへの答えを書き込むとともに、ジェントルパワーを探す旅の記録をつけるための専用のノートを1冊用意することもお勧めしたい。とはいえ、まずは旅の準備が必要だ。そこで本書の第1部では、「リーダーシップ」と「パワー」という概念と、それらが私たちと同僚や家族、コミュニティとの間でどのように作用するかを明らかにしていく。

皆さんが本書でご紹介する考え方を掘り下げることを通じて、人生において、また他者とのコミュニケーションの中で、パワーとやさしさが生きる力を与える大切な役割を担っていることに気づき、穏やかで調和に満ちた人生を送れるようになることを願っている。日々の生活にジェントルパワーを自然と取り入れるための、あなた独自の実践法をぜひ発見していただきたい。

探求の旅へようこそ！　では、さっそく出発しよう。

第1部

リーダーシップとパワーを問い直す

第1章 小さな「リーダーシップ」から始まる

私たちは言葉や行為によってではなく、
自分が何者になったかの結果として世界を変える。
（中略）
みずからが模範を示して教えたときに、
その偉大さは伝説となる。
人類全体を感化するのは、彼らが持っているものでも
行いでもなく、彼らが何者になったかである。
――デヴィッド・ホーキンズ*1

目の前のディスプレイに並んだ14個の小さなウインドウに、私の視線は釘《くぎ》づけになっていた。そのウインドウの一つ一つに、それぞれの生涯にわたる経験、知恵、知性、そしてシスが見て取れる。それはすべて、人間の生を彩る試行錯誤と勝利の証《あか》しだ。Ｚｏｏｍ画面に映っているのは、私のクラスメートたち。そのうちの一人が意識的な子育てについての考えを語るのに、私は熱心に耳を傾けた。彼女はみずから取り組むと決めた内面的作業のおかげで、2人の子どもと前より深くつながれるようになった喜びにあふれていた。

2021年5月のこの日、私は、「オーセンティック・リレーティング（AR）・トレーニング」のリーダーシップ研修講座のオンライン修了式に出席していた。講座を主催するのは、日々の生活の中で心の結びつきや本物の人間関係、信頼、深いつながりを築くための基本的な考え方を伝えることを目指す組織、オーセンティック・リレーティング・トレーニング・インターナショナル（ARTインターナショナル）だ。ARの講座は通常は週末か1週間の合宿での対面形式で行われるが、新型コロナウイルス感染症（新型コロナ）流行の影響で（当時はほかにもほとんどのことがそうだったが）、それがいっさいできなくなっていた。そのため私は講座のクラスメートと一緒に、ARメソッドとその応用法をオンライン経由で学んだ。最初に教わったのは、シンプルだが人生を大きく変える可能性のあるリーダーシップへの5つのアプローチだ。いわく――

・心からの好奇心をもって、どんなことも前向きに受け入れる
・他者と関わり、コミュニケーションするときは、前提をいっさい捨てる
・自分の経験を隠すのではなく、打ち明ける
・自分の経験を自分事と考え、自分も他者も責めない

・自分自身と他者を尊重する

講座の受講中に、私たちのクラスはリーダーシップが必要とされる場面を10年分くらい体験し、そのたびに講座で学んだことを実生活で応用するように（ときには強制的に）求められた。ARのスキルを駆使して、パートナーとの関係を意識的なやり方で、心のつながりを失わずに終わらせた人も何人かいる。クラスメートの一人は以前から夢見ていた音楽の道に進むために、何十年も続けてきた仕事を辞めるのに講座で学んだことを利用した。親やきょうだいと以前より有意義なコミュニケーションができるようになった人もいる。また、クラスの何人もがおそらくは人生で初めて、人によく思われたい気持ちや、共依存、相手に受け入れられ自分を守るためのコントロール（心理操作）といった長年の習慣に流されるのをやめて、本心からの「イエス」「ノー」の意思に気づき、それを口にできるようになった。

修了式で何より印象的だったのは、クラスの誰一人、従来「リーダー」と呼ばれるような人ではなかったことだ。一流企業の社長や創業者、重役は一人もいない。みんな学校の教師や小さな事業を営む人、子育て中の親、研究者、代替医療師、コンサルタントなどで、共通していたのは自己認識を深めたい、親しい人ともっと深くつながりたいという思いだ。自宅の居間で、14個の小さなウインドウが並ぶ画面を前に座っていたこのとき、私は真のリーダーシップとはどんなものかを実感させてくれる素晴らしい瞬間を体験した。私たちの一人ひとりが、自分のため、そしてお互いのために勇気と覚悟をもってこの場に参加しようと決めていた。**リーダーシップとは往々にして、大仰なジェスチャーや高尚な言葉、世間からの称賛などかけらもなく、誰にも知られず、気づかれもしないところに存在する。**それはたいていの場合、誠実であること、品格を保つこと、そして人間が置かれた状況をよくしていくことを日々追求していく姿勢なのだ。

このAR講座に参加した私たちはそれぞれ、ほんの控えめな存在ではあっても、真実を探求し、本心を表現することの大切さを立派に体現していた。Zoom会議に参加していたほかの誰も知らないことだが、私は急に希望が胸にあふれてきた。そのときのことを思い出すだけで、今でも心が明るくなる。**私たちにこれ――仕事や子育て、お金の心配、家族の病気、人間関係の悩みなどに振りまわされる生活の中で、自分自身を知り、よりよいコミュニケーションをすること――ができるのなら、まさに誰にでもできるという証拠ではないか？**

他者をリードするには、何よりもまず自分自身をリードすることが必要だ。リーダーシップには、自分の信念、くせや習慣、そしてパワーとの関係性について深く理解することが求められる。つまり、自信過剰になりやすい心理パターン（心の動きの傾向）や、他者をコントロールしたい欲求、心のつながりを失いがちな状況などを自覚することだ。さらに、自尊心を確立し、他者との健全な境界線を維持し、主体性を具体的な行動に表すために必要な内面的作業を行うことも求められる。もちろん、この「自己リーダーシップ」への道は、ときにはどうしようもなく困難に思えるし、一歩進んでは二歩下がる繰り返しのような気がすることもよくある。私自身も、同じ性格上の欠点につまずいてばかりいる自分にほとほと嫌気がさすことや、悟りを開くか自分が消えてなくなるまで人里離れた洞窟にでも隠れていたくなることが、これまでに何度もあった。

とはいえ、ずっとそんな感じというわけではない。それに当然のことだが、理解を深め、人として成長することを目指す道をつまずきながら歩いた人間は、私たちが初めてではない。それは何千年にもわたって、修道僧や哲学者や神秘論者だけでなく、あなたや私のようなごく普通の人も含めて、あらゆる種類の人々が越えてきた道のりだ。ある意味では、人間がたどることのできる最古の、そして最も重要な道ともいえる。なぜなら、それこそが自分の心とつながり、他者とのつながりを取り戻し、最終的に人類を調和させることができる唯一の道だからだ。古代ギリシャの哲学者ソクラテスが（皮肉なことに死刑宣告された裁判の席で）説き勧めた「吟味された生」は、まさにこの道のことだろう。この道のりの進み具合は距離や時間の単位ではなく、その道中で学んだ教訓を単位にして測られる。

職業や年齢、社会的地位に関係なく、この道は例外なく日常生活という名の鍛錬の場、いわば「道場」を通る。道場という日本語は、普通は武道の練習場を指すが、ここでいう道場は私たちの生活全般だ。私たちが出合うすべてのものが道場になる。あらゆる経験を、練習の道具や相手として利用できるのだ。自分や他者ともっとうまく関われるようになろうと心の語彙力を磨く中で、その途上で出合うあらゆる物事や人が、学び、成長し、スキルを試すチャンスになる。どのチャンスでも、私たちには2つの選択肢がある。**成長してつながりを築くか、あるいは萎縮して相手や状況をコントロールしようとし、自分の中に閉じこもるかだ。**前者を選ぶのが理想だが、長い期間の間にどちらの選択肢を多く選ぶかで、その人が世界をどのように経験するかが決まってくる。

ＡＲ講座のクラスメートはみな何千キロも離れた場所にいたのに、私は彼らを感じることができた。それは、彼らが寛容でオープンなスタイルのリーダーシップを実践することを選んだからだ。本物のリーダーシップとはそういうものだ。自分の問題として考えるからこそ本心からのもので、本心からのものだからこそ、それが信頼、あるいは生きる力を与えるものとなって、体の中でしだいに膨らんでいくのが感じられるのだ。

リーダーシップに関しては、情報不足や社会的な関心の低さに悩まされることはない。グーグルやアマゾンで「リーダーシップ」を検索して、そこに表示される膨大な検索結果の意味を考えてみればわかる。問題は情報量ではなく、その情報をいかに応用するかだ。すでにわかっていることを活用することが必要なのであって、そのためにはいちばん重要なことに注目して、適切な問いを立てなければならない。この点については、多くの情報を本書に盛り込んだ。たぶん、１回読んだだけでは吸収しきれないほどの情報量だろう。ここに書いてあることを全部覚えよう、応用しようとするのではなく、その中でとくにピンときた２つか３つだけを、日々の実践（サダナ）に応用してみることをお勧めしたい（「サダナ」のつくり方については本書の後半で詳しく解説する)。自己リーダーシップへの道を進むには、意識をもって踏み出す小さな一歩の積み重ねが何より大切だ。

この旅全体を通じて、リーダーシップとは誰もが生まれながらに備えている資質だということを覚えておいてほしい。リーダーとは企業の役員や政治家、宗教指導者、社会的な影響力をもつ人物だけではない。地位や経歴にかかわらず、私たち全員がリーダーだ。誰もがそれぞれの属するさまざまな社会システムの中で大きな力になる可能性を秘めていて、一人ひとりの現実や集団としての現実を構築し、変革し、よりよいものにしていくパワーをもっているのだ。

本書の原稿の締め切りは、たまたま私の40歳の誕生日と博士論文の完成の時期に重なった。さらにその上、その頃の私は今こそこれまでの人生を見直して、何を手放し、どの習慣や目標、人間関係を今後の10年に持ち越すかを決めなければという思いに駆られていた。控えめに言っても、もうあっぷあっぷの状態。それでもラッキーなことに、バリ島北東岸にある小さな漁村に一人で30日間滞在する予定をうまい具合に手配することができた。その間に未完成の仕事を終わらせ、じっくり人生を振り返って、ジェントルパワーのバランスを整えようという計画だった。

自分の存在——そしてリーダーシップ——を通じて世界に影響を与えずにいることは不可能だ。

昔から水はいつも私の身近にあったが、以前は実際に水の中に入りたいとはあまり思わなかった。体を濡《ぬ》らすよりも、遠くから深い青色を眺めていたいほうだった。けれども、何かと変化を迫られる中年期を目の前にして、まるで翼が生えたかのように心持ちが変わり、バリ島にいる間は毎日海に泳ぎに行くことにした。ある朝、海の中にいるとき、色鮮やかな小さな魚たちが、私の影が映る海底を鼻先でつついているのが見えた。魚たちから見れば、私はあぶくを吹き出している巨大な宇宙船のようだったに違いない。かつてあったはずのサンゴが生い茂る楽園は消えてしまい（地球上の多くの場所で起きている、海の生き物にとって嘆かわしい現実だ）、今ではまるで戦場か森林火災の後の焦土のようだった。この破壊された海の風景の中を平然と泳ぎまわる魚たちを眺めながら、私は思った。この魚たちは、かつてここに美しいサンゴ礁があったことなどまったく知らないし、たぶん自分たちが水中にいることさえ理解していない。生まれてからずっとこの環境の中で暮らし、泳ぎ、餌をつついている。それが彼らの現実であり、その現実しか知らないのだ、と。そのとき、ふと気づいた――私たち人間もそれほど違わないのでは？　私たちはある特定の考え方や世界観に囲まれて一生を過ごす。そして、そうした考え方や世界観を自分や他者に向けて絶えず繰り返し、それを疑うことはおろか、たいていはそういうものがあること自体に気づいてもいないのだ。

私の知るかぎり、人間とあの魚たちの違いは、人間は自分が置かれた現実や環境を意識的に分析し、内省することができるという点だ。私たちが自分自身や自分の過去や未来についてもっている信念は時とともに変わる可能性があり、それはつまり、現実に対するとらえ方も変わるということだ。従来の心理学は、人間は主として過去に突き動かされるという考え方をよりどころにしてきた。経験、トラウマや、潜在意識に刷り込まれていることが行為の設計図として働くためだ。けれども、私は以前、「ポジティブ心理学」の創始者として知られる心理学者のマーティン・セリグマンが、人間はむしろ「未来に引き寄せられる」と話すのを聞いたことがある。**セリグマンはさらに、人間の精神はいま経験しているあらゆることを読み取り、そこから未来のシナリオのシミュレーションを構築するのだと続けた。**その後で知ったのだが、人間の脳がこの読み取りとシミュレーションを行う潜在意識レベルの情報処理能力は、毎秒約

800万から1100万キロバイトという速度だという。これに対して、意識レベルでの情報処理速度は毎秒約50キロバイト程度だ。[*2] 無意識のうちに、自律的に即時に行われるこの潜在意識下の情報処理を、ノーベル経済学賞を受賞した心理学者・行動経済学者のダニエル・カーネマンは「システム1」と呼んだ。この処理には人間の情動、文化的な観念や知識、過去の経験、信念、そして予想もかかわる。一方、カーネマンが「システム2」と呼ぶ意図的で論理的な処理に切り替えると、処理速度を落として自分の選択について意識的に考えることができ、したがって自分自身をリードすることができる。人間は自分が引き寄せられたいと願う未来を選ぶことができるのだ。リーダーにとっては、これを上手に行うことがきわめて重要になる。

「考える」ことも含めて何であれ、物事に熟達するには長い時間をかけて取り組まなければならないが、あらゆる前向きな変化は最初の一歩から始まる。ジェントルパワーについての本を読もうと決めることだって、申し分のないスタートだ。願わくは、それを大きな変化へ向かう旅の第一歩を踏み出すきっかけにしてほしい。

日常的なリーダーシップの魔法

エルサレム・ヘブライ大学で歴史学を講じるユヴァル・ノア・ハラリ教授によれば、現在の世界はあらゆる難題に直面しているものの、中でも最重要の問題はリーダーシップの欠如だという。*3 ハラリは人類の過去・現在・近未来をわかりやすい言葉で解説し、ベストセラーとなった著書『サピエンス全史』(柴田裕之訳、河出書房新社)、『ホモ・デウス』(柴田裕之訳、河出書房新社)で一躍世界的に知られるようになった。歴史学者として、人間の過去の意思決定や行動パターンを検証し、可能性のある未来への道を明らかにしようとしている。そこに優れたリーダーシップが欠けているとすれば、問題でないわけがない。

リーダーシップは、人々が自分で力を得られるように手を貸そうとする意図のある行為とみなすことができる。こうした行為は、さらに多くの資源と機会を人々のために生み出し、それによって「ジェントルパワー」——強さと思いやりがバランスよく発揮されたもの——に根ざす行為がさらにうながされる。**職場や家庭で過ごす時間はごく平凡に思えることもあるが、私はそういう時間を「小さなリーダーシップ」への入口ととらえたい。**困難にぶつかったときでもつねに学び、自分を振り返る姿勢でいようとすれば、同僚や配偶者、子ども、友人など、私たちが接するあらゆる人との現実がよりよいものになる。ARTインターナショナルの共同設立者の一人であるジェイソン・ディッグスが著書『葛藤＝エネルギー：人生を変えるオーセンティック・リレーティングの実践』（邦訳未刊／原題：*Conflict = Energy: The Transformative Practice of Authentic Relating*）で指摘したように、そういう瞬間の一つ一つが、葛藤から明確な指針を導き出し、それによって自分自身と他者についての理解を深めるチャンスなのだ。[*4] 自己リーダーシップは成長と寛容の道であり、シスを使って自分の影の部分に光を当てるプロセスだ。自分の選択についてよく考え、日々の難題を進化と成長のために利用しようと決めたとき、自分のパワーを使って成長し、責任を担い、現実をよい方向へ変えようとしているという意味で、その人はもうリーダーなのだ。

5年ほど前、私が立ち上げたキャンペーンプロジェクト「シス・ノット・サイレンス」のイベントがヘルシンキで開催されるのを前に準備に奔走していた頃、このイベントを手伝ってくれていた友人の一人とランチミーティングをした。どうしてかはよく覚えていないが、私は彼がどうも優柔不断な感じがした。任せた仕事が何日も遅れていることもあって、締め切りが近づいているプレッシャーでイライラとストレスが募っていた。ミーティングを終えようと立ち上がった私は、「今日はランチに来てくれてありがとう。イベントの仕事があるから帰るわね」と言った。そして、ちょっと意地の悪い調子でこう付け加えた。「ほうっておいても終わるわけじゃないから」。

友人はためらうような表情を見せた。私の言葉と言い方から、私が彼に対して抱いていた非難めいた思いが伝わってしまったのだ。心の中では、自分でもそれがわかっていた。ちょうど思いやりとリーダーシップについての論文を書いている最中だったのは、何とも皮肉だ。気まずい思いがどうしても消えなかった。もっとうまく対処できたはずだと、私は自分を正直に見つめなおした。思い返すと、しばらく前から彼に対して一方的な決めつけや責任転嫁をしてきたような気がした。私はさっきの発言を彼にあやまり、あんなふうに潜在意識のモヤモヤを発散するべきじゃなかったと伝えた。すると、彼は笑みを浮かべてこう答えた。「そうだね、確かにちょっと面食らったよ。でも、きみが相当にストレスを感じているのは知っているし、ぼくも任された仕事をもっとちゃんとやれたはずだと思っている」。そして、私が率直に話をし、自分の行動を反省したことに感謝までしてくれた。**「プライドより成長を優先しようと努力してくれたんだね」**と彼は続けた。

何ページか前で説明したことの繰り返しになるが、私は「オーセンティック・リレーティング」の講座を機に、他者とコミュニケーションするときは自分の前提を疑うこと、何が起きても好奇心をもって受け入れること、自分の経験を隠すのではなく話すこと、責任を負うこと、自分と他者を尊重するために最善を尽くすことを学んだ。これは私が理想とするリーダーシップを体現した姿だ。これに対して、オーセンティック・リレーティングと逆のことをする――つまり、他者についての先入観にしがみつく、必要もない防御壁を張りつづける、状況や他者をコントロールするために本心を隠す、自分の不安や過ちを他者に転嫁する、他者にも自分にも敬意を欠く接し方をする――と、不信感が生まれ、心のつながりや親しみの情は失われてしまう。ジェントルパワーにはいくつもの側面があるが、その一つは個人として責任を負うことから生まれる率直で思いやりのあるコミュニケーションだ。そういうコミュニケーションは、困難な状況や他者との避けられない葛藤の中から、心から理解し合う関係という価値あるものを探し出す助けになる。

ジェントルパワーを発揮するには、リーダーシップの責任を担うことが求められる。**リーダーとは伝説の生き物ユニコーンのような遠い存在ではなく、私たち一人ひとりだ。**リーダーシップなんてだいたい自分には関係ないと思っていると、自分の影の部分や心理トリガー（心が動くきっかけとなるもの）からついつい逃げてしまい、成長の可能性は大きく縮んでしまう。けれども、感情に流されることなく鏡に映る自分を見つめ、変化しつづける状況の中での自分の役割を認めることができたときには、物事が動き出す。先ほど紹介した友人とのランチでの出来事は、誤解がふくらみ、つながりを失ってもおかしくない状況だった。それでも、私が自分の行動を見なおそうと決心したことと、リーダーとして成長するための不完全であっても誠実な努力を彼が寛大に受け止めてくれたおかげで、むしろお互いのつながりが深まることになった。

シスで大切なのは、超人的な意志の強さではない。むしろ、自分で設定した基準をしっかりと守ることだ。シスには「内的権威」の意識が関係する。これは、私がARTインターナショナルの上級講座リーダーのリック・スミスから学んだ素晴らしい概念だ。内的権威とは、どんなときでも自分を向上させようとし、自分の中にある潜在力(=パーソナルパワー)を肯定することを指す。そして、自分の注意を引こうとするものを何であろうと受け入れる勇気をもつことだ。リックの定義によれば、内的権威とはつらく厳しい努力で築き上げるものではなく、要するに、自分に起きていることを自分事ととらえ、自分事であることに必然的にともなう、ときに気の進まない責任をも引き受ける姿勢だ。それは、リーダーとしての健全なカリスマ性と感化力が生まれる源でもある。また、ハラリが世界のリーダーたちに今すぐ発揮するよう求めているものとも合致する。内的権威と、それにともなう自己リーダーシップの内面的プロセスがなければ、自己認識や批判的思考、協働の精神が育まれることもないだろう。リーダーシップそのものと同様に、内的権威も私たちの誰もが発揮できる。誰でもそれに必要なものはもっている。そのことに気づくことが、生涯続く冒険の旅への第一歩だ。本章の冒頭に紹介したAR講座のクラスメートたちの例のように、自分の環境を変えたいと思うなら、日々の生活の中で出合う「小さなリーダーシップ」への入口を利用して、毎日意識的に内面的な成長を目指して行動するだけでいい。私たちがそれぞれ個人としてその努力をすれば、その分、社会全体へのインパクトも大きくなっていく。

リーダーシップ、パワー、成功、影響力……こういう言葉をあらためて検証し、それが私たちにとって何を意味するのかを見なおして、それに応じて自分自身をプログラムしなおすことが必要だ。そうするべき時があるとすれば、今がまさにそのチャンスだ。

第2章

パワー恐怖症を克服する

エネルギーが物理学の根本概念であるのと同じ意味で、
社会科学の根本概念は権力《パワー》である。
(中略)
社会の力学の法則は、権力という観点からしか
述べることができない法則である。

――バートランド・ラッセル[*1]

本書の最初の頃の草稿を読んだある友人が、ひどく心配そうな表情で私のところへやってきた。「リーダーシップはとても大事なテーマだと思うし、その切り口からシステムを論じているのはすごくいいと思う。だけど、パワーをこんなに大きく扱っているのには抵抗があるなぁ。何だかんだ言っても、今の世界にもっと必要なのは思いやりとやさしさだと思わない?」

なるほど、もっともな疑問だ。それに、このいろいろな含みのある「パワー」という言葉に不安を覚えるのは、決して彼女だけではない。何を隠そう、私もこの言葉に

は悩まされてきた。私の人生の大部分で、パワーはそれほど重い問題だった。DVを克服した一人として、私はパワーの有害な側面を直接的に体験している。恋愛関係にあった相手からのその種の虐待に苦しんだからこそ、私は自分がその場にいることで安全でないと感じる人が誰一人いないようにしたかった。**そうして無意識のうちに、人と会う場面では、相手やそのニーズにしっかり関心を向けていることを表す姿勢をとる習慣が身についた。**首を少し斜め下に傾けることで、自分が相手の味方であって、何の危険もない人間だと示すのだ。憎悪やパワーの乱用がこれほどあふれている世界にあって、この種の行動をとりたくなるのは無理もない。だが残念なことに、そうした態度が健全な自尊心ではなく不安に根ざしている場合、結局のところ、誰もが必要とする健全な人間関係を築く役には立たない。

本章ではまず、健全な人間関係と、私が「もつれ」と呼ぶ関係とを区別することから始めよう。ここでいう「もつれ」は、量子物理学の世界でいう「量子もつれ」とは何の関係もない。「量子もつれ」とは、遠く離れた2つの粒子が密接につながり、状態を共有するという不思議な現象を指すが、人間関係の「もつれ」はこれとは正反対だ。この文脈で私が「もつれ」という用語を使うのは、この関係は人間関係というより、人と人との間で不安や心理トリガー、無意識の心理的傾向が複雑にからみ合った状態

を指すからだ。「もつれ」の状態では、2人以上の当事者の間で、お互いの傷や自我の欲求にはあえて触れずにうやむやにする暗黙の合意が成立している。そこでは、真実や、本物の心のつながり、人としての成長、主体性はなおざりにされてしまう。

私たちの行動（たとえば、私が愛想よく首を傾けるしぐさ）や、ほかの人に特定の行動を望むこと（相手に愛想よく首を傾けてほしいと思うなど）はすべて、身の安全や相手に受け入れられることに対する基本的な欲求や、その基本的欲求を満たそうとした過去の経験から生まれる。この問題については第4部で詳しく取り上げるが、ここではそれがパワーとどう関わるか、とくに私たちがもつパワーについての先入観とどう関係するかを見ていきたい。

ジェントルパワー（「品格のある強さ」と呼ぶこともある）をいかに培うかについては、誰にでも当てはまる画一的な方法はない。基本的欲求は誰にでも同じようにあるが、その欲求が満たされたかどうかの経験は、人によってかなり違う。**つまり、もっと「強さ」の側に寄っていく必要がある人もいれば、思いやりや柔らかさ、やさしさを培うことに力を入れたほうがいい人もいるということだ。**本書は、あなたがこの「強さ」と「やさしさ」の間のどの位置にいるとしても、自分についての理解を深め、もてる能力を発揮できるようになるためのヒントになるように書いたつもりだ。

自分を超える勇気

主流のニュースメディアやSNSをざっと見ただけでも、不安や被害者意識、無力感を描写した画像や記事に必ず出くわす。**ここで私が言いたいのは、実際に何らかの不当な扱いを受け、恐怖におびえるのも無理もない世界中の何百万人もの人たちのことではなく、人から力を奪う現代の文化のことだ。**一方的に決めつけすぎるのはよくないが、大部分の人がそういうことをしているような気がすることがある。とりわけ、自分自身が力を奪われていると考える理由のない人たちがそうだ。ある考えがいったん広まりはじめると、人々がそれを疑問に思うことはめったに起こらない。

たとえば、加齢の問題を考えてみよう。とくに欧米ではずっと長いこと、中年以降の年齢とは、精力減退、体脂肪増加、骨密度低下、性欲減弱など、あらゆる種類の望ましくない肉体的衰えの兆候とほぼ同じ意味だった。長寿や高齢者の身体的健康に関する最新の研究では否定されているにもかかわらず、いまだに人生半ばを過ぎれば終わりだと当然のように思っている人もいる。個人の主体性や自己リーダーシップにつ

いても同じことがいえる。もし私たちが、自分自身の思考を操作し、周囲の世界に影響を与えることはできると信じなければ、できないということが真実であるも同然だ。

アブラハム・マズローは人間性心理学の創始者で、史上最も影響力のある心理学者の一人と広くみなされている。欲求階層と自己実現に関するマズローの研究は何世代にもわたる思想家に影響を与えてきたが、彼がリーダーシップを重視していたことはそれほど広く知られていない。たとえば、マズローは学生たちに、自分自身も他の学生も世界のリーダーだと思って互いに接しなさいと強くうながした。*2 ほとんどの人にとって、それは難しいことだと理解していたのだ。私たちは尊大さや高慢さに対して生まれながらの恐怖心をもっている。言ってみれば、自分を神と同様の存在と思い込んだ聖書に出てくるアダムやギリシャ神話のプロメテウスのように、傲慢になれば罰せられると恐れているわけだ。マズローによれば、人は自分を過大評価することを喪失、欠乏、流罪と結びつけて考える。世界で最も幸福な国といわれるフィンランドにも、「喜びすぎれば必ず涙につながる」という言い習わしがある。

マズローは学生たちに向かって、むしろ今以上に神のような存在になることを目指せとうながし、「ヒロイズム（英雄主義）、自分自身の高潔さ、自分の中の最高の潜在能力」をどうか否定しないでほしい——ただし「防御手段としての謙遜さをもって」

――と呼びかけた。[3]マズローの両親は20世紀初頭に迫害を逃れてアメリカにわたってきたユダヤ系移民だったことを考えると、この呼びかけはなおのこと注目に値する。マズローの世代の人々は、スターリンやヒトラーといった政治指導者がみずからを神と同様の存在とみなし、それを根拠に無数の人々に計り知れない苦痛をもたらしたのを嫌というほど目にしてきた。第二次世界大戦を生き抜いた世代は、自分を過大評価することの危険性を知っていた。

気候変動と同様に、パワーとその乱用は、私たちがそれに気づいているかどうかにかかわらず存在する。

それでもマズローはこう訴える。「自分を過小評価し、過度に謙遜し、従順で温和になりすぎる――つまり、野心も高い目標も大きな夢も捨て、『怖がらなくていいですよ、私は誰にも盾突きません、ただの哀れな小物で、何の危険もございません』と言う――ことで、自分自身の力を奪う」罠に陥るのは間違いだと。[4]先ほど例にあげた私の首を傾けるしぐさは、まさにこれに当てはまる。マズローはさらに、人は自信にあふれ、神のようにふるまいながらも謙虚さを示すことはできるし、謙虚さの欠如こそが

リーダーの妄想や権力乱用につながるのだとも指摘した。これと同じように、私がここで紹介するジェントルパワーの考え方にも、やさしさとパワーの両方が求められる。**パワーという概念に対する自分の中の不快感を把握していなければ、バランスのとれた強いリーダーになることはできない。**私たちが抵抗感を覚えるものは、いつまでもなくならないのだ。無意識の中で見つめなおされないままになっているものにこそ、自分自身の影の部分があり、心の中の癒されていない部分がある。自分にはパワーを使えるだけの自信があるのか、それとも、そんな権限はないと感じているのか？自分の親世代や今の世界のリーダーたちのように、自分も害や永遠に残る傷をもたらすことになるのか？　気候変動と同じように、パワーとその乱用は私たちがそれに気づいているかどうかにかかわらず存在する。問題から目を背け、見て見ぬふりをしたところで、最悪の事態を防ぐ役には立たない。

ジェントルパワーを培うためには、パワーが自分にとって何を意味するか、それに対してどんな抵抗感があるか、過去に自分のパワーをどう乱用したことがあるかを理解することが大切だ。また、劣等感を抱きがちな心理パターンにはまって、自分のパワーとの関係性に目を向けることさえしなかったり、自分の潜在能力をフルに発揮するのに必要な内面的作業を避けたりするのはどんなときかを探ることも必要だ。ジェントルパワーが導くのは、生身の自分を率直に見つめなおす、実りある本物のリーダーシップ探求の旅だ。その道のりでは、トラウマを呼び起こすものや、現在進行中の人間関係、好きなもの、嫌いなもの、子どもの頃に形成された愛着関係にまつわる傷や愛着パターンなど、自分の人生に関わるあらゆるものに目を向けることを求められるのだ。

パワーはどのように作用するか

アメリカの教育者で市民活動家のエリック・リューがTEDで行った「一般市民こそ権力《パワー》を理解するべきホントの理由」と題する講演の動画は、累計200万回以上視聴された。リューによれば、人はパワーの概念と実践に関する心理トリガーを数多くもっていて、パワーは有害で悪いものと考えることもあるが、実際にはパワーは中立的な力だという。**火や物理現象と同じように、パワーはいいものでも悪いものでもない。**リューは市民活動を上昇力のあるパワーの行使の場と考え、熱心に擁護している。リューの定義によれば、市民活動とは「市民権の技術」だ。それは、「社会性のある問題解決者の技術であり、生きるために姿を現すことだ。そこには価値観の基盤、

世界を動かすシステムについての理解、そして目標を追求し、その追求に他者を参加させるための一連のスキルが含まれる」という。[*5] 市民活動はその基本として、自己リーダーシップと、人が自らの選択を通じて違いを生む能力を大切にする。そして、パワーの謎を解き明かし、それがどのように作用するかを理解し、最終的にその行使のしかたを学ぶことからすべてが始まる。

リューは、パワーには次の6つの種類があると説明する。

- 物理的な力
- 富
- 国家の行為
- 社会規範
- 数
- アイデア

端的に言えば、「物理的な力」とは最も原始的なレベルのパワーだ。コントロールと、他者に恐怖を与えることがその基礎にある。「富」は、結果に影響を及ぼす能力と、ここにあげたほかの種類のパワーをほぼすべて手に入れる能力をもたらす。「国家の行為」はより大きな規模で組織された強制であり、「社会規範」には、それぞれの社会における行動や信念に関するあらゆる不文律が含まれる。「数」のパワーとは単純に、人々が団結し、変化を起こすために最小限必要な人数の集団をつくることをいう。最後の「アイデア」は、私たちの周囲のあらゆるものを動かす原動力だ。どんな偉業や伝説も最初は一つのアイデアに過ぎず、それが発展して目覚ましい行動につながったわけだ。

パワーは不均衡に配分されていて、パワーがどう作用するかを理解している少人数の集団は、関心をもたないように、あるいは意図的に無知でいるように仕向けられている人たちに対してはとくに、そのパワーを嬉々《きき》として行使するとリューは指摘する。社会起業家のライ・バーコットは、「才能は誰にでもあるが、チャンスはそうではない」と書いている。[*6] **それと同様に、パワーと選択肢は誰もがもっているが、それはその人の社会的特権に比例すると認識することが重要だ。**ジェントルパワーを培うには内面的作業に真摯に取り組むことが必要だが、それと同時に、他者もその作業ができるようにするために必要な社会変革を起こすことも、私たちは求められている。

人間関係におけるパワー

たとえ私たちが気づいていなくても、パワーは対人関係において重要な役割を果たしている。恋愛関係では、力の強いほうのパートナーがたいていは会話の主導権を握り、その関係にとって重要な意思決定についての発言力が強いという常識的な見方は、研究でも裏づけられている。[*7] 詳しくは後述するが、人間関係における無力感は、DVやさまざまな形態の虐待、メンタルヘルスの低下と相関している。

もし自分の人間関係の中で虐待の兆候に気づいたら、あなたがその被害者であれ加害者であれ、すぐに自治体のDV支援機関に助けを求めてほしい。こうした機関のほとんどは、被害者や被害を克服した人に支援を提供しており、加害者や虐待パターンから抜け出せない人を支援の対象にするところも増えている。心理的虐待や心理操作も、表に現れにくい（そのため、被害に気づき対応するまでに時間がかかる）という理由だけでも、同じようにきわめて有害だ。

パワーと社会的影響力の二者関係モデル（DPSIM）は、とくに親密な人間関係において、パワーがどのように作用するかを説明するのに役に立つ。[*8] こうした人間関係は、よく知らない人との一時的な関わりや職場での構造的な上下関係とは明確に違う。とくに自発的な親密関係の場合、その関係を左右するために用いるパワーや駆け引きは、関係のバランスを維持できるように適切で賢い使い方をしなければならない。DPSIMでは、いくつかのパワー理論から抽出した概念や原則を取り入れ、人間関係におけるパワーと影響力の作用を理解する上で重要な概念群として、次の4つを提示している。

・各当事者の特徴（魅力、温かみ、信頼度、地位、裕福さ、愛着傾向、性格特性など）
・各当事者が行使できるパワーの種類（報酬、強制性、正当性、エキスパート性、参照性、情報）[*9]
・各当事者がとる可能性のある影響力や戦略のスタイル（直接的か、間接的かなど）
・当事者らがその行動やパワーの結果として経験する帰結（ウェルビーイング、信頼、コミットメント、抑うつ、不安など）

一定期間にわたるこれらの変動要因の無数の組み合わせと組み直しによって、それぞれの関係のマトリックスが決定される。

DPSIMの考案者らは、パワーは認識の問題でもあると指摘する。私たちは自分の（あるいは相手の）実際のパワーやその潜在量に気づいていない可能性が大いにあるし、影響力を強め、調和のとれた関係を築くために、そのパワーをうまく利用する方法を学ぶことができる。たとえば、パートナーどうしでも専門分野や手に入る情報はそれぞれ違うのが普通だ。**そうした違いを認め、その違いを上手に活用することが、双方にとって大きなメリットになることもある。**

DPSIMの考案者らがもう一つ指摘しているのは、パワーは説得効果のある影響力であるだけでなく、影響力に抵抗する能力でもあるという点だ。私たちは、たとえば他者の行動や、市場の力や政治やSNSの影響など、周囲で起こることをつねにコントロールできるとは限らない。しかし、賢い判断にもとづいてパワーを行使することはできる。十分な情報にもとづく意思決定をし、いちばん大事なときにパワーを発揮できるようにそのタイミングを選べばいいのだ。自己理解と自己認識の大切さを私がずっと強調しているのは、これが理由だ。**自分自身にパワーを与える方法を学ぶだけでなく、自分がパワーを手放す（または使いすぎる）傾向があるのはどのような場面かを知る必要もある。**人と人との間にパワーがどんな形で現れるとしても、影響力は人間関係におけるパワーの力学に対する私たちの認識から生まれる。このことについての理解が深まるほど、私たちは生活のあらゆる領域で、十分な情報にもとづく意思決定ができるようになる。

信念を再検証する

私は子どもの頃からずっと、自分は足が遅い、とにかく走るのは苦手なんだと思い込んでいた。ところが、故郷の町セイナヨキにいたある8月の朝、この考えは一変した。とてもすがすがしい爽やかな日で、ちょっとジョギングに出たら、いつのまにか40分も走っていたのだ。私にとっては大きな出来事だった。この頃に、13年後にはニュージーランド縦断走破に向けてトレーニングを始めることになるよと言われていたら、驚いて跳び上がっていただろう。ほかにも、自分はDVには絶対耐えられないタイプの人間だとも思い込んでいたが、これも実際には違っていた。

何かを制限したり、弱めたりするような考え方や、あるいは単純に間違った思い込みが自分にあって、それが意思決定を左右し、生活の質に影響を与えていることに気づくためには、自分についてもっている信念を見なおす必要がある。また、それとは逆に、自分の素晴らしい部分を見つけ、その部分をさらに磨くには、自己認識と自己分析が必要になる。アイデアや思考は、自分が現実をどうとらえるかに大きく影響する。**だから、自分の思考パターンを見なおすことは、使えるパワーを増やすのにとても有効な方法の一つだ。**

無力感が及ぼす悪影響

自分の生活を意識的にコントロールできていれば、安心感、自立感、ウェルビーイング感（そして他者を助ける能力が増している感覚）が高まるのに対して、それができないことは無力感（パワーレスネス）につながる。アメリカの心理学者ダッカー・ケルトナーによれば、気候変動を除けば、無力感こそ人類にとって最大の脅威だという。[*10]

ケルトナーはカリフォルニア大学バークレー校の社会心理学教授で、過去25年にわたってパワーの問題について研究し、パワーが人生にどのように影響するかを明らかにしようとしてきた。**無力感は脅威に対する感受性を増幅させ、人を防御と生存に強く結びついた神経学的状態に追い込むとケルトナーは力説する。**不幸なことに、人はこの状態にあると、十分な情報にもとづいて意思決定をしたり、意識的に行動したり、創造性を発揮したり、幸福感や有意義感を覚えたり、精神的に健康な状態を保ったりする能力が制限される。ほとんどの人は何らかの形でこのような状態を経験したことがあるし、とくに仕事の場ではありがちな話だ。**たとえば、リソースに限りがあるという意識があると、人は明らかに搾取的な仕事にとどまろうとする。**たとえ階層上の地位のおかげで大きな権力を握っているように見える役員クラスでも、無力感に駆られて動いていることは往々にしてある。

無力感は普通、人生とは自分にたまたま起きていること、あるいは自分ではコントロールできないスピードで起きていることだという意識として表れる。自分がいつも何歩か後れをとっているように思えたり、いつも火消し役ばかりしていて何の得もないと感じたりする。無力感のスパイラルにはとても陥りやすく、そこから抜け出すには自分自身の主体性と自立性を呼び起こすことが必要だ。残念なことに、無力感は無気力や倦怠感《けんたい》も助長する。現在の社会が政治やヘルスケア、消費者市場の分野でアウトソーシングにこれほど依存しているのは、それが理由だ。

パワーを発揮するとは、勇気、完全感、健全な自尊心から意思決定をすることを意味する。

そうは言っても、時代の流れが私たちに不利な方向へ動くことはありがちだ。**私たちが属するシステムは得てしてとても複雑で、十分な情報にもとづいて判断するのに必要な情報量を見ただけで、誰でも無力感に引きずられそうになる（その上、不可欠な情報はだいたい隠されていることは言うまでもない）**。それに、仕事や子育て、請求書の支払いや健康問題などにあたふたする日々の中で、いったいどうやって無力感を克服しろというのだろう？　大部分の人々は、何とか一息入れるためにパワーをアウトソースしているが、パワーを行使する（そして、そのために私たちがますます依存するようになる）システムは、そのことを計算に入れた上で、私たちに相応の報酬を与える。そうするといつの間にか、人生の中で、自分でコントロールできないと感じる部分がますます増えているのだ。こうして私たちはパワーの中枢から遠ざかり、安全に、豊かに、公正に暮らせる世界の構築に積極的に参加しようともしなくなる。この力学は政治の世界でも、健康問題でも、恋愛関係についても同じだ。

無力感は、リソースの量は実際よりも大幅に少ないという幻想を招く。目の前にあるチャンスが見えなくなり、ほかの人はそもそも自分勝手だとか、こちらをやっつけようとしているなどと思い込んでしまう。過去のトラウマから立ち直ろうとしてストレスや消耗を感じているときや、過去の傷跡をまだ認められずにいるときには、人生の負け犬のような気分に陥りやすい。自分の人生に与えられたわずかなものに対して、それが自分の望むものではない、あるいは、あっても満たされた気持ちにはならないとしても、ありがたく思わなければという考え方を身につけてしまう。これは、「近代心理学の父」と呼ばれるアメリカの哲学者ウィリアム・ジェームズが「劣等感癖」と呼んだものだ。*11

これに対して、パワーを発揮することとは、欠乏や不足感、不安や必要性からではなく、充足感、勇気、完全感、願望から意思決定することを意味する。マズローが力説したように、人はささやかに暮らし、自分（や他者）を劣っているとみなすほうに流されやすい。マズローの自己実現に関する研究がこれほど有名なのは、おそらくこれが理由だろう。**自己実現とは本質的に、自分の潜在的なパワーを最適化することだ。**パワーをもって行動する人は、確固とした自尊心をもっている。つまり、「ノー」と言えば罰を受けるという不安から、自分の立場や価値観を曲げることはないということだ。

私が最近コーチングを依頼されたある女性は、愛するパートナーを見つけて家庭を築くことを望んでいた。彼女が悩んでいたのは、高い意識をもって内面的作業にしっかり取り組もうとしていたものの、アルコール依存症のパートナーと過ごした10年間のトラウマからまだ抜け出せていないことだった。ある日の電話でのカウンセリングで彼女は、いま新しい人と付き合っているのだけれど、その人にコミュニケーションに消極的で、人の気持ちに寄り添おうとしない傾向があるという「危険信号」に気づいた、と話した。大部分の人は付き合っている相手に対して、2人の関係に自分と同じぐらい関与してくれることを期待するが、彼女の場合は、自分の相手との境界線が正しいのかどうか、そもそも彼がこちらの気持ちに寄り添う必要があるのかと考え込んで、自分を疑っていた。「たぶん彼は忙しいだけで、私が過敏になっているのかも」と彼女は言った。別のケースであればそれもありえたが、彼女は自分がパワーをもちつづけられるだけのしっかりした境界線ができておらず、自尊心を確立しようと努力している段階でしかなかった。だから、彼女にはまたしても「もつれた」関係に陥る──そして、気持ちの面で満たされるという自分の価値基準を曲げる──リスクがあるのでは、と私は感じた。

ケルトナーは、無力感は身体に非常に大きな生理学的影響を及ぼすため、心理的および医学的苦痛の主たる要因になると主張する。身体が絶えず防御態勢をとり、ストレスを受けていると、選択肢を比較検討したり、創造的に考えたりする能力が妨げられる。また、ストレスが高まると、抑うつ状態や頭痛、腰痛、慢性炎症、高血圧、免疫力低下などの身体的苦痛が悪化し、それによって無力感がさらに深まることがある。[*12]そんなストレスに繰り返しさらされると、心的外傷後ストレス障害（ＰＴＳＤ）につながる場合さえある。

ケルトナーによれば、無力感に苛《さいな》まれているときは、成功することも、自分に必要な安心感や愛情を得ることも事実上不可能だという。無力感は判断力を妨げるため、そのような状態で人生にかかわる意思決定をすると、悔やまれる結果を招くことになりがちだ。一方、自分にはパワーがあるという感覚（有力感）があれば、自分と他者にとって最善の選択をすることができる。有力感と無力感は、どちらも感情に強い影響を与えるのだ。先ほどの依頼人の女性は自分の家族をもちたいと強く望んでいたが、新しい相手との関係で自分は無力だと感じていた。それでもやがて、無力感から不安が消えず、自分が望む人生へのカギはいつもほかの人が握っているかのような気がするのには、自分にも原因があると気づきはじめた。幸いなことに、彼女はその関係に見切りをつけ、その後、心から打ち解け、２人の関係を発展させようと前向きに努力してくれるパートナーを見つけた。

パワーを口にしてはいけない言葉ととらえていると、それは漏れ落ちていくままになってしまう。軽蔑や不信感を覚えるもののために、わざわざ丈夫な入れ物をつくるはずがないではないか。けれども、パワーがどのように作用するかや、どうすればそれを世界の中で善の圧力として利用できるかについての理解を深めれば、パワーを前向きに求め、自分の運命を形づくるために使うことができる。自分のパワーを磨いているところだという人も、今まで手放していたパワーを取り戻そうとしている人も、そうすることでまったく新しい自分への扉を開けることになる。あなたが待ち望んでいたリーダーは、あなた自身なのだ。

有害なリーダーシップ

有害なリーダーシップについては、今では多くのことがわかってきているものの、世界のあちこちで人々はいまだにそうしたタイプのリーダーを黙認し、追従している。そういうリーダーの影響力や行為は明らかに有害であるにもかかわらずだ。**一部の社会科学者によれば、組織内や外部の集団に悪影響を及ぼす有害なリーダーシップとしてひとくくりにされる「闇のリーダーシップ」や「闇のカリスマ」には、次の4つのタイプがある。**[*13]

・有害型
・破壊型
・虐待型
・無能型

この区分を提唱している研究者らによれば、「有害型」のリーダーシップとは、害を与える意図は比較的低く、あいまい性が比較的高い。そのため、ほかの3つのタイプと比べると、有害と気づかれないままになっていることが多い。これに対して「破壊型」のリーダーシップは、みずからの意志にもとづいてとる行動や手法が、組織の最善の利益に明らかに反し、組織内の人々に害を及ぼす。「虐待型」のリーダーは、言葉による攻撃や敵対行為（身体的な場合もある）を絶えずあからさまに行い、「無能型」のリーダーは単純に仕事に対して受け身のアプローチをとる。

有害なリーダーシップの研究を初めて手がけたのは、クレアモント大学院大学教授のジーン・リップマン＝ブルーメンだ。彼女は著書の中で、人間の脳には不安を和らげてくれるのがうまいリーダーに反応する回路が備わっていると示唆している。[*14] 人間は安全と正しさを求める自然な欲求に惑わされて、劣悪なリーダーシップを許容してしまうことがあるというわけだ。とりわけ、有害なリーダーであっても何らかの形で成果をあげている場合にはそうだろう。研究者の一人、ジョン・ポール・スティールが指摘するように、「適切な資質を備えているものの、強度が不適切で、最終目標が間違っている、つまり、何より自己宣伝を優先する強いリーダー」が存在するのだ。[*15]

権力の座にある人の倫理基準や行動、誠実さは、世界中の何十億という人々の生活の質や与えられる機会に影響する。有害なリーダーシップには、人や企業、あるいは社会全体を崩壊させる力がある。それは混乱やあいまいさを生むからというだけでなく、機能不全を引き起こし、人々が最適なやり方で仕事をすることができなくなるからだ。しかし、有害なリーダーは自分だけの力で権力を手にしたり、その座を維持したりするわけではない。最近の研究では、有害なリーダーが権力の座にとどまるために追従者が果たす役割が強調されている。[*16] 追従者の役割はこれまで考えられていたよりはるかに大きく、有害なリーダーを無力化するのに必要なあらゆる権限をもっているのが普通だという。この研究によれば、有害なリーダーシップは追従者の無力感や不満につながる場合もあるが、追従者がそのリーダーを見捨てたり、そのリーダーの影響を最小限に抑えるための策をとったりする状況が生まれる場合もある。

権力《パワー》は手に入れるものではなく、授けられるものだ。集団には、公共の利益を推進する者に権力を与える能力があり、自分たちの基準に達しないリーダーを排除したり弱体化させたりするパワーもある（最近の例では、性的暴行などの罪に問われた実業家のジェフリー・エプスタインや映画制作者のハーヴェイ・ワインスタインといった大物の失脚がある）。「シス・ノット・サイレンス」キャンペーンの核となっている考え方の一つは、近くにいる第三者が変化の支柱だというものだ。第三者こそが、虐待に対する見方や議論のあり方を変えるカギを握っている。公の議論の場で加害者がどのように見られ、どのような罰を受けるか、また被害者がどのように見られ、どのように扱われるか（もちろん、軽蔑や疑いではなく、思いやりと敬意をもって扱われなければならない）のカギを握るのは、集団（数のパワー）となった目撃者や第三者なのだ。

私たち自身の家庭や人間関係においても、まさに目の前で「闇のリーダーシップ」が展開されることがよくある。私が最近、ある友人の十代の娘と話をしたときのことだ。聡明《そうめい》そうなこげ茶色の瞳からは芯の強さがうかがえたが、そこには深い悲しみも浮かんでいた。「パパが家に帰ってきたから……」と彼女は話し出した。「またみんなビクビクしながら過ごしているの」。この言葉は胸に刺さった。誰かがそこにいるだけで、安心感も生きる気力もウェルビーイングも奪われる環境で過ごさなければならない日々がどんなものか、私は知っている。虐待を受けている人の多くがたどるのは、絶えず浴びせられる攻撃的な言葉やその他の形での虐待に耐える苦痛が、そのような状況で生きる苦痛を上回るポイントに達するまでのつらく長い道のりだ。加害者のパワーはつねに、被害者の沈黙と無力感に比例して増大する――もっと言えば、その力学全体がそこに依存している。この意味で、私が受けた身体的な攻撃以上に大きな悲劇は、虐待のことを誰かに話しても、誰も信じないし気にもしないという彼の言葉を私が信じたことだった。でも、その言葉は間違っていた。ようやく私が事実を話したとき、本当に信じてもらえたし、しかるべき人たちが救いの手を差し伸べてくれた。

ケルトナーは「パワー」の意味を問いなおし、「とくに社会的ネットワークに属する他者に行動を起こさせることによって、世界に違いをもたらす能力」と再定義した。これは、パワーを圧力や欺瞞《ぎまん》、虐待と同等とみなすマキャヴェリ主義の見方とはまったく対照的だ。ケルトナーは、この見方が過去数世紀にわたって、私たちのパワーに対する否定的な認識を形づくってきたと指摘する。それとは逆に、パワーとは「人々の共感力、寛容さ、礼儀正しさ、革新性、知的厳密さ、コミュニティや社会的ネットワークの協調力を決定づける」ものだとケルトナーは続ける。[*17] シスと同じように、パワーも逆説的な概念だ。**世界に違いをもたらし、他者の生活を向上させる力になりうる一方で、他者を巧みに操作し、コントロールするために容赦なく無慈悲に行使されることもありうる。**このパワーの逆説をどのように扱うかが、私たち一人ひとりの生活の質を決めると同時に、社会全体の健全さへのカギにもなる。パワーには、人々の強さと思いやりの両方を育む責任が必ずともなうのだ。

第2部

やさしさとは何か

第3章 なぜ、自分に厳しくすることを選んでしまうのか

何が欲しいんだ？
無理強いするのでなく、穏《ジェントル》やかに頼むなら、
こちらも穏やかに応えよう。
――シェイクスピア[*1]
（河合祥一郎訳『新訳 お気に召すまま』より／ルビは訳者）

フィンランド西部のセイナヨキ高校に通う好奇心旺盛な17歳だったときに、初めて心理学の授業を受けて以来、私は人間の心を理解することが自分に与えられた使命だと気づいていた。それでも、人口2万人ほどの故郷の町を離れ、社会科学の修士号をとり、ニューデリーやニューヨークなど海外で働いた後、ようやく心理学とふたたびつながることができたときには、10年以上がたっていた。**変化が訪れたのは、キャリアの危機をきっかけに、自分が人生で本当にやりたいことをやるしかないと痛感したときだった。**人々が自己実現とエンパワーメントを目指す道を支援したい――そう思

った。社会心理学を専攻したことは就職機会にはあまりつながらなかったが、世界をどう見るべきかや、適切な問いの立て方を学ぶことはできた。そこで、そのとおりにやってみたのだ。「私にとって、生きていることを実感させてくれるものは何だろう？」と私は考えた。「どうすれば自分の目的を達成できるだろう？　私より前にそれを実現した人から何を学べるだろう？」

ポジティブ心理学

私は学生のときでさえ、病理的な側面に重点を置き、精神疾患の原因や影響ばかりを取り上げる心理学にはどうしてもなじめなかった。「ポジティブ心理学」についてはまだ聞いたこともなかった2011年に、ニューヨークのユニオンスクエアにある書店「バーンズ&ノーブル」で、フィットネスとボディビルのコーナーに間違って置かれていたこのテーマの本をたまたま見つけたのは、思いがけない幸運だった。水色の表紙に目立つ黄色い文字で『本物の幸せ――ポジティブ心理学で潜在能力を発揮し、満ち足りた人生を送る』とタイトルが書かれたマーティン・E・P・セリグマンの著書だ（邦訳：『ポジティブ心理学が教えてくれる「ほんものの幸せ」の見つけ方――とっておきの強みを生かす』小林裕子訳、パンローリング）。最初の章を読み終わる頃には、人生のあの時点で探していたものが見つかったと確信した。

ポジティブ心理学は、ほぼ「ウェルビーイング＝幸せ」だけに注目する。何が人生を生きがいのあるものにするか、どうすれば人は生き生きと暮らすことができるのかを理解しようとする学問だ。[*2]セリグマンは人が幸せを追求する中で求めるものとして次の5つをあげ、「PERMA」という略語で表現した。

・ポジティブな感情（Positive emotion）
・積極的な関わり（Engagement）
・人間関係（Relationships）
・人生の意義（Meaning）
・達成感（Achievement）

ポジティブ心理学は単に一つのムーブメントとみなされているわけではなく、希望、知恵、創造性、勇気、精神性、責任、粘り強さといった、心理学において従来は過小評価されていたテーマの研究に関心とリソースを向けさせることに寄与した点が最も大きく認められている。[*3] 不安になったり病気にかかったりしないためだけに生きている人はいないし、充実した人生には、ただ何とか生き延びるために必要なもののほかにも、さまざまな要素が含まれる。メンタルヘルス分野のほかの大部分のアプローチとはまったく対照的に、ポジティブ心理学は「幸せの科学」とも呼ばれる。

ポジティブ心理学では、個人や組織やコミュニティに、生き生きと暮らし、繁栄するために必要なツールを提供することを目指す。**その目的は、主流の心理学に取って代わったり、それと競ったりすることではなく、心理学の研究の重点を苦痛とその緩和以外にも広げることにある。**[*4] ポジティブ心理学が重点を置くのは、どうすれば幸福感を高められるか、そして逆境に耐え、前より強くなって立ち直る手段はどうすれば見つかるかという問いだ。そのため、まだ萌芽《ほうが》期にあるこの学問分野では、達成、組織の発展、創造性、心理的健康について集中的に研究しており、セラピー、ジャーナリズム、教育から、スポーツ、公衆衛生、法と統治まで、あらゆる分野で応用されている。

やさしさへの長い道のり

50日間をかけたニュージーランド縦断マラソンで一つのターニングポイントが訪れたのは、12日目のことだった。毎日約50キロ走り、それまでの合計走行距離は600キロに近づいていた。道路の硬い地面に繰り返し打ちつけられたせいで右の足首が腫れ上がり、暑さで60度近くまで上がった路面の熱がシューズのゴム底からマメだらけの足に伝わって、腫れがますますひどくなった。かなりの痛みで、状況は厳しくなるばかりだった。同行してくれていたミーナ・ホルダーはイギリス人の学校教師で、彼女自身もニュージーランドを縦断する有名な長距離トレイル「テ・アラロア」を走ったことのあるウルトラランナーだ。私の信頼する仲間として、コーチとして、そして無資格ながら心理カウンセラーとしての役目を担いながら、日々の雑務に対応してくれ、それまでは私の進み具合をとても楽観的に見てくれていた。ところがこの12日目、彼女の表情に心配の色が見えた。ミーナは私の足の親指にテーピングをし、食事を用意し、私に同行してニュージーランドの西側をゆっくりと北上する車列を先導するバンを運転してくれていた。

この旅の間じゅう、道路が私の道連れだった。ともに過ごす時間が数分から数時間になり、数日になり、さらに何週間にもなるにつれて、私は道路とかなり親密な関係を築いた。とはいえ、対話はたいてい一方的だった。道路が際限なく話しつづけるのに、私はだいたい黙っていたかったからだ。私の過去、未来、そして現在についての質問を道路が投げかけてくる。私のさまざまな過ちや間違いを掘り起こし、過去の判断ミスや失敗を振り返るように誘う。それでもときどきは、まるで別世界から来た賢者のように、私の心理パターンや潜在意識に関わる啓示をご褒美のように与えてくれる。これが巡礼の旅というものだろう――何度も試練に見舞われながらも、じっくりと考え、より深いレベルで自分自身を知るための時間がたっぷりある。自分のアイデンティティにかかったベールがしだいに薄くなるにつれて、いつもの思い込みを抜け出し、本当の心の声が聞こえてくるのだ。

12日目にも、そういう瞬間がやってきた。あるとき道路が（それまではほぼずっと、口数少なく感じよく伴走してくれていたのだが）突然、言いたいことを言おうと思ったらしく、「あそこの次のカーブが見える？」と聞いてきた。「きみはここまでずっと、好奇心と勇気で次々とカーブを曲がってきた。だけどね、曲がっても曲がっても、必ずまだ走る道があるんだ。次のカーブの後は、また次のカーブがある。ずっと永遠に走りつづけて、探しつづけることができると思っているわけ？」少し間を置いてから、私の（道路になりすました）内なる声はこう続けた。「痛みが終わるのは、それをきみが終わらせたときだ」。

その瞬間、それまでの人生のさまざまな（とくに恋愛にかかわる）場面が走馬灯のように頭に浮かんだ。そしてハッと気づいた。たった今聞こえた自分の潜在意識からのメッセージが、私がずっと探していた答えへのカギを握っているのだと。それは、「私が生まれてこの方、困難で極端なことばかり自然とやっていたのはなぜだろう？ あきらめずに必死にがんばるのが得意なのはなぜだろう？」という疑問への答えだ。そのとき不意に、目の前の状況と、そもそも今回のウルトラマラソンへの挑戦に結果的につながった経験との間にあるパターンに気づいた。**私にとってはずっと、自分をやさしく思いやるより、自分に厳しくするほうが簡単だったのだ。**

ジェントルパワーとは、自分の強さを自分が
どうとらえているかを正直に感じ取ることだ。

この時点で走るペースはかなり遅くなっていたが、私はほとんど立ち止まりそうな

りつづけて、探しつづけることができると思っているわけ？」少し間を置いてから、私の（道路になりすました）内なる声はこう続けた。「痛みが終わるのは、それをきみが終わらせたときだ」。

その瞬間、それまでの人生のさまざまな（とくに恋愛にかかわる）場面が走馬灯のように頭に浮かんだ。そしてハッと気づいた。たった今聞こえた自分の潜在意識からのメッセージが、私がずっと探していた答えへのカギを握っているのだと。それは、「私が生まれてこの方、困難で極端なことばかり自然とやっていたのはなぜだろう？　あきらめずに必死にがんばるのが得意なのはなぜだろう？」という疑問への答えだ。そのとき不意に、目の前の状況と、そもそも今回のウルトラマラソンへの挑戦に結果的につながった経験との間にあるパターンに気づいた。**私にとってはずっと、自分をやさしく思いやるより、自分に厳しくするほうが簡単だったのだ。**

ジェントルパワーとは、自分の強さを自分が
どうとらえているかを正直に感じ取ることだ。

この時点で走るペースはかなり遅くなっていたが、私はほとんど立ち止まりそうな

この旅の間じゅう、道路が私の道連れだった。ともに過ごす時間が数分から数時間になり、数日になり、さらに何週間にもなるにつれて、私は道路とかなり親密な関係を築いた。とはいえ、対話はたいてい一方的だった。道路が際限なく話しつづけるのに、私はだいたい黙っていたかったからだ。私の過去、未来、そして現在についての質問を道路が投げかけてくる。私のさまざまな過ちや間違いを掘り起こし、過去の判断ミスや失敗を振り返るように誘う。それでもときどきは、まるで別世界から来た賢者のように、私の心理パターンや潜在意識に関わる啓示をご褒美のように与えてくれる。これが巡礼の旅というものだろう——何度も試練に見舞われながらも、じっくりと考え、より深いレベルで自分自身を知るための時間がたっぷりある。自分のアイデンティティにかかったベールがしだいに薄くなるにつれて、いつもの思い込みを抜け出し、本当の心の声が聞こえてくるのだ。

12日目にも、そういう瞬間がやってきた。あるとき道路が（それまではほぼずっと、口数少なく感じよく伴走してくれていたのだが）突然、言いたいことを言おうと思ったらしく、「あそこの次のカーブが見える？」と聞いてきた。「きみはここまでずっと、好奇心と勇気で次々とカーブを曲がってきた。だけどね、曲がっても曲がっても、必ずまだ走る道があるんだ。次のカーブの後は、また次のカーブがある。ずっと永遠に走私はアナスティーナがゴビ砂漠や南極で走っている写真を見たことがあって、これほど経験豊富でちょっと常人とは違う人なら、この役目を十分果たしてもらえると踏んだのだった。後でわかったことだが、彼女は素晴らしいアスリートであるだけでなく、確固とした意志を持ち、しかも親切で、いつでも的確な助言をしてくれる人だった。「退屈に聞こえるかもしれないけど」と、初日に70キロほどを一緒に走った後に彼女は切り出した。「上り坂では歩くのを勧める。ニュージーランドでもそうなるだろうけど、こういう途方もない距離のウルトラマラソンを走るときは、走りながら同時に回復のことを考えないと。翌日のことだけじゃなく、その後の何週間、何カ月もを見据えてね。重力と闘ってエネルギーを浪費するなんて、ばかばかしいじゃない？」このアドバイスは、その後ニュージーランドでとても役に立った。自分のエネルギーを賢く管理できるようになったという意味では、ニュージーランドでの旅そのものを救ってくれたといえるかもしれない。それに、本当の意味で自分を試す挑戦を通して学んだことはたいていそうなるように、上り坂になったらペースを落とすという教訓は、私のその後の人生でも生かされるようになった。

仕事や家庭でも、友人関係や趣味などでもそうだが、ずっと同じペースで走りつづ間だと堂々と言える。**私たちが日常生活の中で出合う事例は、ウルトラマラソンや深刻な虐待とは関係ないかもしれないが、自分を弱くする考えを抱いたり、どんな犠牲を払っても関係を続けなければと思い込んだりすることはある。**どんなちょっとしたことでも、そういう瞬間に気づくことが、もっとやさしくなり、もっと自分を大切にするほうへ軌道修正するチャンスになる。

上り坂では歩く

世界のトップアスリートや一流企業の経営者にウェルネスコーチングを提供する会社を営むウルトラランナーのアナスティーナ・ヒンツァが、私の後ろで急に立ち止まった。彼女は私の名前を呼び、こう続けた。「ペースを落として！　でなければ、そこで止まって私を待ってなさい！」私が彼女と一緒に出場した4日間のウルトラマラソンの初日のことだった。その1カ月前に私はアナスティーナに電話して、ニュージーランド縦断の予行演習として複数日をかけて走るレースに初めて出るので、一緒に走ってもらえないかと誘った。フィンランドの南西岸沿いをヘルシンキからトゥルクまで走る全長約260キロのコースだ。

しいものにする意味もあった。途中でやめるつもりはもちろんなかった。何しろ、ゴール地点までの間にまだいくつもイベントを予定していたからだ。けれども、私は新しい境地にたどり着いていた。**がんばり抜いて当初の計画どおりに完走することよりも、幸せでバランスのとれた状態でいられることのほうが、自分にとって大事だと思えるようになったのだ。**自分がしていることを、心から楽しみたかった。この旅の準備に費やした2年間を無駄にしたくなかったし、自分の身体と、協力してくれた人たちを尊重したかった。

ジェントルパワーとは、自分の強さを自分がどうとらえているかを正直に感じ取ることだ。自分は正しかったと言えるように何が何でも進みつづけ、どんな犠牲を払っても成功することとは違う。私は過去に、自分の固い意志とシスのせいで、自分にとって有害なだけでなく、明らかに危険な恋愛関係を続ける結果を招いた。当時の彼の苦しみが癒され、安らぎを見出せるように手を貸そうと心に決めていたが、そのせいで自分の心と身体の健康を犠牲にしてしまった。でも、新しい境地にたどり着いたあのとき、あの頃の私はもういなかった。ここからの人生の新しい章では、たとえ痛みがあってもそのままがんばりつづけるか、賢い判断をしてバランスのとれた道に進むかを選ぶことができるのだとわかった。今では、自分は後者の道を究めようとする人くらいまで、さらにペースを落とした。「痛みが終わるのは、それを私が終わらせたときだ」と、さっきの言葉を頭の中で繰り返した。虐待を受けていたときでさえ、私はいつも難しいほうの解決策を選び、現状を少しだけ長引かせることを何度も繰り返してきた。なぜなら、耐えることが私の性分だったからだ。それに、ポジティブな結果になるという希望を抱いていたせいもある。さっき聞こえた自分の声は、何事も選択の問題だというメッセージだった。過去を変えることはできないけれど、将来の自分のあり方を新しく組み立てることはできるはずだ、と。

私は1日休みをとり、ミーナと一緒に地元の救急病院に行って診てもらった。担当してくれた男性医師は、偶然にも私たちと同じウルトラランナーで、エベレストのベースキャンプで、ケガや病気をした登山者をボランティアで診察したこともある人だった。彼が私のやろうとしていることを理解してくれたおかげで、私たちは現実的な解決策を前向きに話し合うことができた。そこで、足の痛みの原因をごまかしなく見定めた結果（幸い、恐れていた骨折ではなく圧迫による腫れで、休息をとることで対処できるものだった）、全行程を走る予定だった計画を変更して、自転車で走る区間を入れることにした。第一には足を休めて治すためだが、この旅をもっとバランスのとれた楽

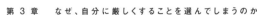

けてきて負担がかかりっぱなしだと気づいたら、ちょっとペースを落として、しばらくはゆっくり歩いてみることを考えよう。休む時間を増やしたり、誰かに助けを求めたりするのもいい。**ペースを落とすのは悪いことではないし、ときには休んで回復するために、必要最低限のことだけをする生活に切り替えることも必要だ。**私自身、この方法を初めて試したときは、走ったり、何かしら動いたりしていないと、文字どおり体がピクピク痙攣《けいれん》しはじめた。実をいうと、のんびりマッサージを受けたりしている人を見ると、なぜあんなことが楽しいんだろうと不思議に思っていたくらいだ。幸いなことに今の私はそうではないし、そのおかげで前よりずっとハッピーに生きている。

上り坂でも同じペースで進みつづけて、重力と闘ってばかりいると、エネルギーの蓄えを燃やし尽くし、最後には自分自身も燃え尽きてしまう危険がある。人間の心と身体は信じられないほど丈夫で、エネルギーをたっぷり蓄えているので、たいていの場合は何とかがんばれるかもしれない。それでも、その道のりを楽しみ、力強くゴールする能力を気づかないうちに損なう恐れがある。結局のところ、内に蓄えた力を無駄に使うと、必ず代償を払うことになる。「そんなストレスに値することは何もないよ」と、親しい友人に言われたのを覚えている。彼はそう言いながら、10年前に受けた三重心臓バイパス手術の傷跡が残る自分の胸を指さした。

人はほとんどどんなことでもできるが、何もかもできるわけではない。自分のパワーと強さにやさしさを注ぎ込む方法を学ばなければ、何もやり遂げないまま終わることになりかねない。人からよく見られること、いつでも強くあること、絶えず結果を出しつづけることがよしとされる世界にあっても、私は走ることを通じて、自分なりの現実を作り出し、自分のペースを尊重することから真のパワーが生まれると気づいた。**「いい娘でいなさい」とか「男らしくあれ」などというメッセージにあおられたままでいる必要は誰にもないし、そうあることが自分のエネルギーや健康、人間関係、幸せを犠牲にすることで成り立つとすればなおさらだ。**だから、自分に合ったペースを選ぼう。そうすれば、「少ないほうが得るものは多い」のは本当だとわかるかもしれない。

第4章 「がんばりすぎない」勇気

やさしさほど強いものはなく、
本当の強さほどやさしいものはない。[*1]

ニュージーランドでの11日目、私は南島を北へ向かって走っていた。疲れてはいたが絶対にあきらめない気持ちで、その夜に野営する予定だった町に近づいていた。1日が終わろうとする頃、今回の旅についての思いにふけりながら、足を休めようと小さなガソリンスタンドのそばで立ち止まったとき、1台の車がスピードを緩め、近くで止まる音が聞こえた。運転していた男性は、何週間か前に地元紙ニュージーランド・ヘラルドに載った記事を見ていたので、走っているのが私だと気づいたらしい。[*2]

「ああ、やっぱりそうだ！　この前新聞で読んだフィンランド人のランナーに違いないよって、妻に話していたところです。あなたがなさっていることには、とても勇気をもらえますよ」。

家族全員と小さな犬が車から降りてきて、私を取り囲んだ。私は疲れていたし、長い距離を走った負担が足に来ていた。それでも、その男性のうれしそうな顔に疲れが吹き飛び、ほかのことは何もかも忘れて彼を歓迎した。すると、男性は自分の実体験を語りはじめた。子どもの頃に家庭で身体的暴力を目撃し、前に付き合っていた女性からは心理的虐待を受けたという。男性との話を終えると、十代の女の子が私に近づいてきて、やさしくたずねた。「それで、今はお元気なんですか？」思いやりのこもった思いがけない質問に、私は心を動かされた。その心遣いをしっかり感じ取ろうと少し間を置いてから、私は答えた。「お気遣いありがとう。ここに来られたことはうれしいけれど、ここで走ろうと思い立った理由については、残念に思うわ」。シンプルなやりとりだったが、鋭いところを突いた彼女の質問と、自分の経験を隠さずに済む心地よさ、そしてさっき彼女の父親が正直に自分の経験を話してくれたおかげで、こんなふうにお互いをありのままに受け入れ、つねに「人間を第一に考える」ことの素晴らしさをあらためて感じられた素敵なひとときだった。

やさしさは弱さではない

第2章の冒頭で紹介した、私が「パワー」について書いていることに抵抗を感じた友人の話を覚えているだろうか。実は、「やさしさ」についても同じように感じる人がいる。別の友人にはこう聞かれた。「どうしてそういうヤワなことを書くの？　世界にはもっと勇気が必要だし、とくに女性はそう。力のある立場の人のことをもっと書くべきよ」。

私たちのほとんどはどういうわけか、穏やかさややさしさ、しなやかさ（そして女らしさ）とは、本質的に弱い、信頼できない、あるいは価値が低いことだというとんでもない嘘を、生まれたときから吹き込まれてきた。こうした嘘が計り知れない苦しみをもたらし、政治や企業の世界で数えきれないほどの有害な意思決定につながってきた。あまりにも長い間、私たちの文化は勝つこと、競争すること、利益を上げることにこだわりすぎる一方で、やさしさや協調は「劣ったもの」あるいは「もろいもの」というレッテルを貼られてきた。

フランスの哲学者アンドレ・コント゠スポンヴィルは、やさしさとは「暴力なき勇気であり、厳しさなき力であり、怒りなき愛」であって、「恐れるべきものを前にして発揮されるやさしさなどやさしさではない」と述べている[*3]（中村昇ほか訳『ささやかながら、徳について』より）。拒否されることを恐れるあまり、境界線を主張できなかったり、人々をリードできなかったり、自分の意見を言いたくなかったりするのは、やさしいのではなく従順なだけだ。やさしさとは受け身であることでも、つねに他者に合わせることでもない。やさしさとは、いわば状況に応じた品格をもって前進していく方法だ。どこで押し、どこで引き下がるかを知っていること、そして相手に圧力をかけるのではなく、むしろ力を与えることで成功にいたることだ。

多くの人々は、不具合を抱えた神経系に長年苦労させられている。**私たちはついつい過剰に反応し、手を広げすぎ、働きすぎるように仕込まれてきたのだ。**ジェントルパワーを生かしながら世界と向き合い、前に進んでいくスタイルを取り入れることは、新しいことを学ぶというより、こうした不健全な生き方を捨て去ることだ。ジェントルパワーとは、一瞬の輝かしい達成感を味わうために、長い期間にわたって心の安らぎを犠牲にする代わりに、自分にも他者にも穏やかに接する意識を養うことで達成感を見出すことだ。

コント゠スポンヴィルはやさしさについて、さらにこう説明している。「現実の、または望まれた平穏である。（中略）不安や苦痛に突き刺され、喜びや感謝に照らされることはあっても、つねに憎悪や厳しさや無神経さとは無縁だ」[*4]。もしリーダーシップや社会活動、政治、家庭での私たちの経験が、とげとげしさや圧力、無神経さをまったくともなわないものだったらと想像してみよう。自分自身に対して、一方的な決めつけや非難をいっさいしなかったらどうだろう？ **社会的には、そういう類の自分や他者に対する接し方は甘いとか弱腰だとかいわれるが、実はこれこそ、相手にパワーやエネルギーを与える前向きな対し方だ。**

ヒューストン大学研究教授のブレネー・ブラウンは、勇気、恥、弱さに関する概念と実体験について研究していて、いくつもの著書がベストセラーになっている。ブラウンは、勇気ある本物のリーダーとは、自分の弱さを認めるという意味で、自分のあらゆる感情や思考プロセスをありのまま見せるべきかとたずねられることがよくあるという。ひとことで答えれば「ノー」だ。ブラウンが言うように、「境界線のない弱さは、弱さではない」[*5]。大事なのは、個人的なことを話しすぎたり、何もかもさらけ出したりすることではなく、不安や自分の弱さ、困難やリスクを感じるときでも、その場から逃げずに、不安感や難しい会話に立ち向かうことだとブラウンは言う。この意味で、リーダーとはそういう緊張感を深く感じ取りながら、リードしつづける人だといえる。第1章で述べたように、ARTインターナショナルのリック・スミスはこれを、自分の注意を引くものを何であろうと受け入れる勇気をもつことで、「自分事であることに必然的にともなう責任」を、たとえ気が進まなくても引き受けることと表現した。「弱さ」はここ数年、注目のトピックになっている。弱さもやさしさと同じように、実質的な意味をともなわずに乱用される言葉の範疇《はんちゅう》に数えられがちだが、これは残念なことだ。なぜなら、弱さとやさしさは本質的に、尋常でない強さのなせる業だからだ。緊張や絶望やストレスに悩むときに、その場にとどまり、たとえ物事がこじれたり、ほとほと嫌になったりしても、逃げ出したり、いつものネガティブな反応（嫌なことを避ける、つながりを断つ、責任転嫁するなど）に流れたりしたくなる誘惑に負けない力を与えてくれるのは、まさに弱さとやさしさだ。**弱さとやさしさがあれば、私たちはその瞬間に立ち向かい、そのときの不安をしっかりと感じ取ることができる。**そうすれば、自分の不安や緊張を他者に向けて発散させる可能性が低くなる。また、弱さとやさしさがあれば、自分の経験を人のせいにすることもない。これも第1章の終わりに紹介した、リック・スミスのいう「内的権威」の概念に関係する。自分自身や自分の感情をリードするのは難しいこともあるが、広い心持ちと好奇心があれば、その方法を少しずつでも学んでいける。

古代ギリシャの哲学者アリストテレスの考えでは、やさしさとは中庸の徳であり、怒りと「気概のなさ」との中間を守ること、そして感情や「苛立《いらだ》ちやすさ」に引きずられないことだった[*6]（引用部分：渡辺邦夫・立花幸司訳『ニコマコス倫理学（上）』より）。コント゠スポンヴィルもまた、やさしさは「怒りという点から見るとちょうど真ん中に」あると述べている[*7]（中村ほか訳『ささやかながら、徳について』より）。**弱さが個人的なことをさらけ出しすぎることとは違うのと同じように、やさしさも心配しすぎたり、がんばりすぎたりすることとは違う。**冷静な判断と、他者との境界線の意識をともなわないやさしさは、見せかけや単なる従順さ、際限なく人に気に入られようとする態度に容易に変わってしまう。第16代ローマ皇帝マルクス・アウレリウスは次のように書き残している。「やさしさは、それが本心からのもので、愚弄や偽善でなければ、動かぬ確かなものである。もし、あなたがある者に対してやさしくありつづけ、機会があれば穏やかに諭し、あなたに危害を加えようとするまさにそのときに、よりよい道を静かに示すなら、どれほど傲慢な者でも、あなたに向かって何ができるだろう」[*8]。

フランスの哲学者・精神分析医のアンヌ・デュフールマンテルは、やさしさやリスクテイキングも含めた幅広いテーマについて研究した。彼女は、生存と危険には相関関係があると指摘し、「絶対的な安全」を追い求めないようにと戒めた。[*9] やさしさとは何かを率直に勇気をもって問いただそうとしたデュフールマンテルの試みは、このテーマがいかに複雑なものかを物語っている。本当の意味でやさしさの障害になるのは、必ずしもすぐに思い浮かぶもの（厳しさ、暴力、戦争、犯罪など）ではなく、やさしさそのものだと彼女は主張する。これは、コント＝スポンヴィルが「すべて恐怖に起因する」と指摘し、したがって実は無力感につながる、偽りで見せかけの受け身のやさしさのことだ。**やさしさが本物であるのは、困難な状況や、混乱、ネガティブ、不安といったつらい精神状態に勇気をもって向き合ったときだけだ。**そういう場合のやさしさだけが、人間として経験することのすべてを前向きに受け入れることができる。

やさしさとは、大胆さの表れだ。

このやさしさのパラドックスは、オーストリアの詩人ライナー・マリア・リルケの書簡集『若き詩人への手紙』の次の一節に表現されていることに関係しているように思う。「恐らく、私たちの人生のあらゆる竜は、いつかは私たちの美しい大胆な姿を見ようとひたすら待ちかまえている王女かもしれません。おそらく、恐ろしいものはすべて、結局のところは、私たちの助けを望んでいるたよりないものなのかもしれません」[*10]（佐藤晃一訳『若き詩人への手紙』より）。この王女は、私たちの誰もが潜在的にもっている恐れを知らない心であって、それは何か恐ろしいものに姿を変え、偽りの仮面をはがしてやろうと、私たちが完全な姿を現すのを待っているのだ。デュフールマンテルも、やさしさから生まれる恐れ知らずの心を人生の目的として最後まで貫いた人だった。彼女はフランス南部サントロペ近くの荒れ狂う海で、おぼれていた2人の子どもを助けようとして命を落とした。

目的のためには手段を選ばないことが美化され、利己的な権威が容認されることがありがちな世界では、やさしさはつねにリスクをはらむ。人々は厳格に規律を守り、燃え尽きるまでひたすらがんばり、自分にも他者にも厳しくありつづけることを期待される。それでも、真のパワーを手にするカギは、やさしさと弱さだ。**やさしさと弱さこそが、見せかけの自分でありつづける重荷から私たちを解き放ってくれるからだ。**見かけどおりの自分でいること、そしてありのままの自分を見せることは、内的権威の証しであり、したがって意識的なリーダーシップの証しでもある。自分の直感に従うこと、ペースを落とすこと、来るべきものを辛抱強く待つこと、支配力よりも思いやりの心を選ぶこと……こういうことはすべて、ジェントルパワーとともに人生を送るためのアプローチだ。

やさしさとは大胆さの表れであり、その最善のあり方は、全力で堂々と今この瞬間に向き合うことだ。そして、シスの限界まで達したら、深呼吸をして、柔らかな好奇心と勇気をもって、何であれ目の前のことをしっかりと見つめること。人当たりのよさも含めて何事も過剰になることなく、毅然として穏やかに、揺るぎない態度で自分にも他者にも接すること。他者と難しいコミュニケーションをするときには、自我の揺らぎは誰にでもあることを認識し、できるだけ苦痛を感じないようにしながら最善を尽くすこと。**やさしさとはつまり、機能不全の行動パターンや問題を起こす心理トリガーに動かされることなく、お互いをどこまでも大切にすることなのだ。**

「一元制」を目指して

透明性のある人間関係は、幸福感や、生産性や創造性の向上、長寿、ストレス軽減につながるという一般論は研究でも裏づけられているにもかかわらず、リーダーシップへの主流のアプローチでは、やさしさや共感、思いやりといった資質はいまだに過小評価されている。とくに欧米の法曹界は、その有害な労働文化が広く知られている。最近のある調査では、調査対象の弁護士の3分の1近くがうつ病を患い、ほぼ4分の1が不安やアルコール依存に悩まされていた。[*11] 絶えず高いレベルのパフォーマンスを求められる中で、そのために必要不可欠なセルフケアをしないのは、本人だけの問題ではない。法曹界だけでなく医療界、実業界、高等教育機関などでも、リーダー層からそれを期待されるのだ。**しかし、本書の後半で詳しく紹介するが、そばにいること、温かみ、共感、相手の話を聞くことといった「ソフト」な資質を大切にする別のアプローチが、職場環境やその他の場で革新性や創造性、生産性、卓越性を向上させることが実証されている。**

ピクサーは、映画産業というクリエイティブな分野で最も成功している企業の一つだ。ハーバード大学経営学大学院教授で組織行動論を研究するエイミー・エドモンドソンは、ピクサー元社長のエド・キャットムルが、社員がばかにされることを恐れずに新しいアイデアを提案できる「心理的安全性」の風土をどうやって築いたかを説明している。[*12] また、キャットムルは自分も失敗することがあると認めることで、組織全体にそのような雰囲気をうながしたと指摘する。ピクサーが過去数十年にわたってこれほどの名声と称賛を集め、莫大《ばくだい》な利益を上げてきたのも、まったく不思議ではないだろう。黒字になる作品は半数しかないといわれる映画界で、アカデミー賞を20回、ゴールデングローブ賞を9回受賞し、数多くの大ヒット作を生み出してきたことは、控えめに言っても注目に値する。ピクサーの場合、やさしさに満ちた企業風土が、画期的な実績と、資本主義のビジネス界の最終目標である収益をもたらしたのだ。しかし、過去にはピクサーにも信頼を揺るがす危機がたびたびあり、2018年にはキャットムルの共同創業者で制作部門トップのジョン・ラセターが、不適切行為により社を離れた。エドモンドソンの著書にあるように、「ラセターの行為とそれに続く休職は、心理的安全性の脆《もろ》く持続しにくい性質を明確に示している」*13（野津智子訳『恐れのない組織』より）。

ミシガン大学教授の組織行動学者ジェーン・ダットンの研究チームは、ミシガン州ジャクソンにある地域病院の経理部で行った調査と、同部の責任者を務めていたサラ・ボイドの事例について報告している。*14この部員30人の経理部には、いい意味で常識外れな点がいくつもあった。治療費の集金にかかる時間が州で最短であるだけでなく、離職率が低く、欠員待ちの就職希望者もいる。だが、何より目を引くのはボイドの部下たちが、ここで働くことで成長し、能力を高め、自分をバージョンアップできていると話していることだ。ボイドは思いやりにあふれると同時に、高いパフォーマンスを発揮できるチームを作り上げていた。ダットンはボイドを、聞き上手で、謙虚で、部員たちに力を与え、チーム内でもチーム外の関係者との間にもケアの精神を作り出すことの大切さをよくわかっていると評している。また、遊び心のある人でもある。職場では水鉄砲の打ち合いなど、工夫を凝らした遊びが自然発生的に始まることがよくあるという。*15

それなのに、人々が有害で利己的なリーダーに不満を抱きながら、それでも彼らに従い、彼らを守ろうとすることさえあるのはなぜだろうか？ やさしさや温かみ、思いやりが相変わらず軽んじられ、はねつけられ、ばかにされるのはなぜだろう？ リーダーシップの一面としてのやさしさが、こんなにもネガティブな反応を呼ぶのはなぜだろうか？

数年前、私はカンフーと太極拳、そして東洋哲学を学ぶために中国北部を訪れた。とくに学びたかったのは、数千年の歴史をもつ、精神の集中と安定を養う修行法だ。老荘思想では、生命のリズムは宇宙全体で永遠に脈打ちつづけていると考える。これは、「陰」と「陽」という2つの互いに補い合う（誤解されている場合があるが、「対立する」ものではない）要素の作用だ。陰の気（エネルギー）は柔らかく女性的、陽の気は強く男性的とみなされる。ここで重要なのは、この2つの気はそれ自体が性別を表すわけではなく、誰もが両方の気の流れから成り立っているということだ。中国医学によれば、人の心身に病気が生じるのはこの2つの気のバランスの崩れが原因だという。陽の気（無形）は本質的に、想像し、計画し、指示し、構築する。その性質は階層、秩序、論理、直線性である。陽はどちらかといえば存在より行為に関係する。これに対して陰（有形）は、存在と創造的直感に関係する。その本質は感覚、非直線性、らせん性、慈しみである。

私は中国で指導を受けた師匠に、世界は男性的なエネルギーのほうを好むように思えるのはなぜか、私たちは強い性質を美化する一方で、柔らかさを弱さとみなしがちなのはなぜかとたずねてみた。すると師匠は、とくに不安定な時代には、陽の気のほうが大衆の心に訴えるからだろうと答えた。**陽は明確に指示を与えることで私たちを安心させてくれる**。それは結構なことだ。ただし、それはその指示が間違っていない場合に限る。師匠はわかりやすいたとえをあげてくれた。陽は美しい家や道場の建物を設計して建てる。そして、陰はその建物の中に光や花、雰囲気、生命を持ち込み、住む価値のある場所にする。建物に陰陽両方の気が必要なのと同じで、世界にも両方が必要だという。このように陰と陽が巧みに混じり合うことを、師匠は「一元制(uniarchy)」と呼んだ。

それまで聞いたことのなかった言葉だが、いい表現だと思った。人生で本当の意味で成功するには、両方の性質が合わさった「一元制」を大事にする必要がある。それが世界に調和をもたらす唯一の方法だ。別の言い方をすれば、未来は女性的でも男性的でもない。未来には、すべての人がこの2つの気のリーダーシップスタイルをあわせもつことが求められる。そのどちらについても、それぞれの独自の性質が尊重されなければならない。陰のほうに偏ったリーダーシップは方向性と安全性に欠け、統制がとれず混乱を招きやすい。一方、陽に偏ったリーダーシップは厳格で独断的になり、繊細さや、思いやりをもって舵《かじ》取りする能力に欠ける。

カナダ人起業家のステファン・ルブランから「女性的リーダーシップ」という表現を初めて聞いたのは、2016年の秋のことだ。私はある会議で講演するためにモントリオールに行き、会場近くの小さなレストランでステファンと会った。彼は満面の笑みを浮かべ、大げさなハグで歓迎してくれた。彼の物腰からは意志の強さと品格が伝わってきて、いつも勇気づけられたものだ。リーダーシップ研修のトレーナーでもある彼は、以前は数十年にわたって2つの運輸会社で副社長や本部長を務めていた。だが、その職場では、彼が「意識的リーダーシップ」と呼ぶものを熱心に取り入れようとしたために、周囲になじめず、部外者のような気がしていたという。そこで会社を辞め、ビジネス界におけるリーダーの変革と意識向上を推進しようと、「意識的リーダーシップ国際センター」という組織を設立した。

ステファンとは6年ほどの付き合いだった。その彼が突然亡くなったことは、私を含めて彼と出会った数えきれないほどの人たちにとって大きな衝撃だった。本書のために彼にインタビューすることすら叶《かな》わなかった。早すぎる訃報が届いたとき、私はまるで家族を亡くしたように悲嘆に暮れた。その日の朝、私は友人と、このところリーダーシップ崩壊の事態が相次ぐ中でのジェントルパワーの事例について話をしていて、ステファンは真っ先に頭に浮かんだ一人だった。寛容で、やさしくて、やり抜く力のある――同時にとても人間的で誠実な――彼は、まさにジェントルパワーを体現した人だった。その高潔な人柄も、彼を知る人々に惜しまれている。2017年9月に彼から届いたメッセージには、「愛は、宇宙に存在する中で最もパワフルな力です」とあった。私たちの中にあるやさしさと強さの両方を大切にするステファンの思いと、その2つを融合させた、つまり「一元制」のリーダーシップを広めたいという彼の夢は、彼が地上からいなくなった後も受け継がれていく。本書をステファンに捧《ささ》げたのは、彼の夢に敬意を表し、残された2人のお子さんたちに、お父様のビジョンが私たち全員にとって前に進む指針となったことを伝えたかったからだ。

パワーや影響力には、それがなくなったときに初めて気づくことがある。ステファンのメッセージは、私に自分の人生に欠けていたものを探す準備をさせてくれた。**それは、ときには「がんばりすぎない」勇気だ。**人生はときにパラドックスだ。第3章で紹介したように、私はおそらく想像できるかぎり最も意外な場所で、自分にやさしくすることの大切さに気づくことになった。そう、「がんばる」ことがすべてのはずの、途方もない長距離マラソンの途上で。物事はいつも見かけどおりとは限らないということだ。

第5章

「ソフトスキル」の科学

世界は苦しみに満ちているが、
それを乗り越えた人もたくさんいる。

――ヘレン・ケラー

前章で紹介した病院の経理部長のサラ・ボイドが、診療費の集金という厄介な仕事に当たる部署を最高に楽しい職場にした話は、リーダーシップにやさしさを取り入れることがどんな成果を生むかを如実に物語る一例だ。実はもう一つ、イェール大学経営大学院でプログラム責任者を務め、『自分を大事にする人がうまくいく〜スタンフォードの最新「成功学」講義』（高橋佳奈子訳、大和書房）の著書があるエマ・セッパラから聞いた同じような話がある。日常的なリーダーシップにやさしさや思いやりを取り入れて、はっきりと数字に表れる成果をあげているリーダーの事例を教えてほしいと、私からエマに連絡した。すると彼女は一瞬のためらいもなく、メディア広報会社「ナルディ・メディア」の創業者兼CEOのアシュリー・ベルナルディの名前をあげた。ベルナルディの会社は、新型コロナの流行による経済難の時期にもかかわらず、2年の間に事業収入が倍増し、千万ドル台から億ドル台に跳ね上がったという。それは主として、ベルナルディが自分をリードする方法、ひいては会社を率いる方法を変えた結果だった。

ベルナルディは2016年に、第3子を出産した後の重症の産後うつに加え、衰弱性疾患のライム病を発症した。その病からの回復が、他者に対する理解を深めるきっかけになった。重い病を経て成長し、思いやりと共感の大切さに気づいた彼女は、その新しい発見を自分のリーダーシップに取り入れていく。すると、この変化が事業収益にも見事に表れた。**家族を大切にする、人に親切にするといった要素を含む新しい会社の価値基準を制定し、さらにセルフケアの実践として、またみずから模範を示す意味でも、人生で初めて、自分の心身の健康を気遣う時間を「譲れない」日課にした。**瞑想《めいそう》や呼吸法、ヨガのクラスに定期的に通い、何より大事なこととして、十分な睡眠をとることを優先したのだ。彼女はこうした変化を著書『本物のパワー：感じることを自分に許そう』（邦訳未刊／原題：*Authentic Power: Give Yourself Permission to Feel*）に記し、インタビューでもこう話している。「自分を最優先することを学んでから、本当に人生が一変しました。同じ考えをもつ社員が周囲に集まってきて、お互いに励まし合い、新しい価値基準を実践するようになりました。その一つは、人に親切にすること。そうしたら事業も大きく成長したんです[*1]」。

「心の知能」の分野の草分けとして多くの受賞歴のある心理学者で、科学ジャーナリストとしても活躍するダニエル・ゴールマンは、「共感のスキルに長けたリーダーは『ソフト』ではない。非常に効果的なリーダーシップのツールを賢く使うことができるのである」と述べている[*2]。実際、最先端の組織研究によれば、将来のリーダーシップは科学・技術・工学・数学（ＳＴＥＭ）の知識に加えて、共感、思いやり、心の知能といったいわゆる「ソフトスキル」を基本とするようになるとされている。ゴールマンによれば、ソフトスキルには自己認識、自己制御、動機づけ、共感、対人スキルも含まれ、これに対して「タフ（ハード）スキル」は、知能、分析・技術力、意志の強さ、厳格さ、先見性などの特性に関係する。ソフトスキルが重要なのは、リーダーが明確に意思を伝え、細やかな感性で他者の意見を受け止めるのに役立つからだ。このように見てくれば、証拠はもう疑いようがない。人と人とのつながりを大切にすることは有効なのだ。それを頭に置いてリーダーの役目を果たせば、自分が幸せな気持ちになるだけでなく、最高の結果もついてくる。

それなら、なぜ私たちはもっと早く方向転換しなかったのだろう？　ウッドベリー大学経営大学院教授のジョーン・マークスは２０１３年に発表した研究で、ハードスキルが過度に重視され、上にあげたようなソフトスキルが過小評価されてきたために、リーダーシップとは大胆さやカリスマ性、卓越した知識を発揮することだという考え方が広く受け入れられるようになったと結論づけた。[*3]この考え方は企業の世界だけでなく、経営大学院でも採用されてきたため、精神的にタフで技術的なスキルにこだわる学生が続々と就職する流れがずっと続いてきたとマークスは指摘する。**今の課題は、こうしたリーダーたちに、学生時代の教育の影響で一方の側に偏った内面のバランスを整えなおす必要があると納得してもらうことだと言う。**

この内面のバランスをとるという考え方は、新しいものではまったくない。とくに中国の老荘思想では２０００年以上も前から、強さと柔らかさの調和を大切にすることを説いている。「これを奥深い明知という」と老子は記している。「強くて大きなものは下位になり、柔らかくてしなやかなものは上位になる」[*4]（蜂屋邦夫訳注『老子』より）。老子が書いたとされる『老子道徳経』は、「柔」の道、つまり無理強いや強い主張をしないことを、あらゆる行為に通底するものにまで高め、つねに「陽」を知りながらも、「陰」にとどまることを忘れてはならないと説く。パワーだけでは役に立たない。思いやり、品格、愛をもってそれを使うことを学ばなければならない。調和こそがすべてだ。「もし王侯がこの道を守っていけるならば、万民はおのずと感化されるであろう」と老子は続ける。

もちろん、心理学研究でもこの考え方は裏づけられている。[*5] **人間は副交感神経系の働きが活発になるとリラックスし、リラックスしているとき――別の言い方をすれば、信頼と安全の神経学的状態にあるとき――は創造力や革新力が高まり、認知動作のレパートリーをより自由に使えるようになる。**そうすると、問題解決能力や記憶力が高まり、より健康になり、満足できる人間関係を築くことができ、さらに寿命も延びる。やさしさとは、単にいいことであるだけではなく、明らかに、とるべき最善のアプローチなのだ。マーケスやゴールマンのような研究者がやさしさのあるアプローチを唱道しているのは、それが従来の「強いボス」的なリーダーシップの手法より好結果につながることを研究が示唆しているからだ。[*6] 端的に言えば、人々は思いやりを示すリーダーを尊敬し、信頼する。そしてその結果として、全体としてのパフォーマンスが大きく高まる。子どもは、安心感があり批判されない環境にあるときに学ぶ力が高まる。なぜなら、喜び、満足、信頼、誇り、愛情といったポジティブな感情や心理状態によって判断と行動のレパートリーが広がり、それによって身体的にも、知的にも、社会的にも、心理的にも、しっかりとした能力がその人の中に蓄えられていくからだ。

心理的安全性のもつ力

グーグルは２０１２年、「プロジェクト・アリストテレス」を開始した。目覚ましい成果をあげる部署がある一方で、うまくいかない部署もあるのはなぜかを解明する目的で、社内の１８０の部署を対象にして行った調査プロジェクトだ。[*7] 調査チームはまず、チームはどのように機能するかを研究した50年分の学術論文を検討することから始めた。優れたチームのメンバーは全員が同じようなことに関心をもっているのか、それとも多様性とコミュニケーションスキルがカギなのか？　成果をあげたときの報酬や、男女のバランス、学歴はどう関わるのか？　どの疑問もいいところを突いてはいたが、決定的なパターンはなかなか見つからなかった。**むしろ、チームの成功の方程式の中で、「メンバーは誰か」という点はあまり問題ではないようだった。**

調査を始めて3年たった頃、調査チームは心理的安全性に関するエイミー・エドモンドソンの論文を偶然見つけた。本書の第4章で紹介したように、エドモンドソンはハーバード大学経営学大学院のリーダーシップ・経営論教授で、このテーマに関する先駆的な研究を行ったことから「心理的安全性の母」と呼ばれている。初期の研究では、チームワークが医療ミスの頻度に及ぼす影響について調査した。調べてみた結果に、エドモンドソンは戸惑った。予想していたのとは逆に、高い成果をあげるチームのほうがミス率も高かったのだ。[*8] だが、やがてエドモンドソンは、優秀なチームは実はミスの数が多いのではなく、気軽にミスを報告したり話し合ったりできる風土があるのではないかと推測した。この問いが、やがて心理的安全性のもつ力を発見することにつながった。

グーグルの調査チームがこのエドモンドソンの研究にヒントを得て、分析を実行しなおしてみると、結果は明らかだった。最も成果が高い部署は、チーム内で対人関係にかかわるリスクを冒しても安全だという認識をもっていることが共通していたのだ。**つまり、ばつの悪い思いをしたり、否定されたり、罰を受けたりする不安なく、率直に話ができるということだ。**心理的安全性という概念そのものは、1965年のエドガー・シャインとウォーレン・ベニスによる組織論研究にまでさかのぼる。[*9] しかし、そういう対人的な風土を、対人的なリスクテイキングをうながし、それによってチームの創造性や革新性を助長するものと確認したのが、エドモンドソンの研究だった。[*10] やはり前の章で紹介したピクサー元社長のキャットムルは、これを「率直さ」と呼んだ。エドモンドソンによれば、ピクサーではまさにその「率直さ」を実現するために、賢く考えることができ、熱意あるメンバーたちが、全員がざっくばらんに包み隠さず話し合える環境で、問題解決を目指すミーティングを行った。

信頼、安心感、受容感などのポジティブな感情を抱くと、生存本能への執着が緩む。

人と人とのつながりに関わる神経科学を研究する社会科学者のマシュー・リーバーマンによれば、「あなたは私の心を傷つけた」というような言い回しには、ただの手垢《てあか》のついた比喩表現では片づけられない大きな悪影響がある。拒絶されることで私たちが感じる痛みは、脳にとっては体の痛みと同じぐらいリアルなのだ。[*11] リーバーマンの研究は、人間にとって社会的つながりはぜいたく品ではなく、必需品であることも示唆している。だから人間は、他者の感情に気づく（あるいは、少なくともそれを理解する性向を生まれながらに備える）ように進化してきた。これこそが、人とつながり、協調して、ともに新しいものを生み出すときに発揮される人間の超能力だとリーバーマンは言う。

脅威を感じると、外的な手がかりや情報を処理する脳の働きが大きく損なわれることも、研究で示されている。[*12]恐怖におそわれると「扁桃体《へんとうたい》ハイジャック」と呼ばれる現象が起き、脳の前頭前皮質が切り離され、進化的に古い部位である大脳辺縁系の働きが優勢になる。そうなると、複雑な判断をしたり、複数の視点から物事を見たりするのが難しくなる。つらい出来事を振り返ると、自分が何を言ったか、細かいことは思い出せないことさえある。また、信頼や安心感、受容感といったポジティブな感情を抱くと、生存本能への執着が緩み、認知機能をフルに活用できるようになることもわかっている。

誰でも自分の感情の最終的な責任は自分にあるとはいっても、私たちは、進化によって形づくられた生来の仕組みによって、いつでも安心感を得たいという欲求も授けられている。先ほど紹介した研究によれば、私たちは仲間に対して安心感を覚え、信頼できると感じられると、創造力や生産性が高まり、健康になり、幸せで満たされた気持ちになる傾向がある。とはいえ、周囲の誰一人不快に感じることがないようにするのが義務だということではない。どちらにしても、そんなことは無理だ。その人なりの心理トリガーや敏感な部分は誰にでもあり、そういうものは周囲の人のふるまいとは関係なく表れることがある。**詳しくは本章の後半で説明するが、これは主としてそれぞれがもつ愛着スタイルの影響であって、その根っこは、親や保護者と心のつながりをもった最初の経験にまでさかのぼる。**それでも、やさしさをもって人と関わることを選べば、人とつながる心地いい空間を作り出すために自分なりの役割を果たしていることになる。

　これとは逆に、とげとげしく冷たい態度を見せたり、相手を一方的に批判したりすると、人と関わり合う場が大きく損なわれる。そのような場では、信頼感、オープンな雰囲気、安心感が強いほうが物事はうまく運ぶのだ。**エドモンドソンによれば、心理的安全性は新しい概念でも特効薬でもなく、間違いなく「職場のあらゆるものの土台」だという。**オープンなコミュニケーションを数字で評価するのは難しいが、そういうコミュニケーションがないと、組織としての大きな失敗を招く場合があるとエドモンドソンは指摘する[*13]。たとえば、民間航空機の墜落事故現場から回収されたブラックボックスの録音音声に関する研究では、上位のリーダー（この場合は機長）に対して

らかになっている。*14

不安や躊躇《ちゅうちょ》なく反論できるかどうかが生死を分ける場合があることが、一度ならず明らかになっている。*14

企業や家庭の場では、十分な情報にもとづく判断をする上で不可欠な情報を言わなかったからといって、それほど悲劇的な結果を招くとは思えないが、**以上のような研究は、人々が自由に話ができると感じられない環境には明らかなマイナス効果があることを物語っている。**私たちの感情レーダーは、その場の雰囲気を一瞬の間に感知する。人間の脳は過去700万年ほどの間に3倍の大きさに進化したが、その機能は今も変わらない。それは、自分が生きつづけられるようにすることだ。人間がどんなに賢く、勇敢に、あるいはカリスマ的になっても、安心感を得たいという生まれもった欲求ほど人生に大きく影響するパワーはない。それに匹敵するのはただ一つ、自分の周囲にいる人を安心させることがもつパワーだ。

「未来はいつだって最初はアイデア」

働く人々を取り巻く社会は、いわゆる「知識経済」の世界に変わりつつある。つまり、社員が（たとえば受けてきた教育や特異な人生経験などの形で）組織にもち込む知識が、本当の意味で組織の付加価値となる世界だ。このことを念頭に置けば、多くの企業で社員の半数以上が職場で率直に意見を言えないと感じているという事実は驚きだ。[*15] アイデアが共有されないままに終わるたびに、潜在的な価値が失われていく。組織の世界は別としても、誰かが頭にあることを話せないと感じたがために、書かれないままに終わった本や、設立にいたらなかったスタートアップ企業、発揮されないままに終わった才能がどれだけあるかを考えてみてほしい。**誰でも人生で一度は、ほかの人の反応が気になって自分の望みをあきらめたことがあるはずだ。**研究によれば、人が死ぬことと同じぐらい怖がることの一つは、人前で話すことだ。そもそもマイクは怖いものだとか、大勢の人を前にすると必然的にトラウマになるとかいう理由ではなく、ほとんどの人は、無視されたり否定されたと感じたり、恥ずかしい思いをしたりすることにひどく敏感だからだ。[*16]

フィンランドのアールト大学で実務家教員を務めるラウリ・ヤルヴィレートは、学習、哲学、直感、起業家精神などさまざまなテーマを扱った多くの著書を書いている。ある日、ラウリとランチを一緒にしたとき、「未来はいつだって最初はアイデアなんだ」と言われたことがある。そのとき私は、シスをテーマに博士研究をしたらどうかという彼のアイデアをはねつけたところだった。どこかの大学に5年以上も縛られるのは気が進まなかったからだ。するとラウリは、たとえばアメリカと比べれば自由度が高いシステムだから、フィンランドの大学にすればいいと提案してくれた。最初ははねつけたこのアイデアが、やがて根を張り、多くの人の人生を変えることになった。けれども、それは私に、思いやりのある友人という「支援システム」があって、思い切ってやってみても大丈夫だと安心させてもらえたからこそだ。

当時は知る由もなかったが、ラウリはのちに、私の博士課程の指導教官の一人になり、フィンランドで一緒に「イヤー・オブ・シス」というプロジェクト全体の企画に当たることになった（その中でシスに関する本を共著し、2つの大規模な公開イベントを開催し、ラップランド地方とヘルシンキ間の主なバス停に、暗い真冬の間に自分のシスを見つめなおそうと市民に呼びかけるポスターを貼った）。別の言い方をすれば、一つのアイデアがやがてどれほど大きな成果につながるかはわからないのだ。本書もまた、ある意味では、あの日の気取らないランチでのラウリとの会話から生まれた成果の一つだといえる。

問題は、いいアイデアは誰でももっているのに、それを実現するための機会は誰にでもあるとは限らないことだ。実現できるかどうかは、日常のリーダーである私たちにかかっている。私たちは優れたアイデアをどうやってサポートするかだけでなく、そのアイデアが芽吹き、共有されるような環境をいかに培うかも模索していかなければならない。

ポジティブな感情がもつパワー

第2章で紹介したダッカー・ケルトナーの研究は、人はパワーが強くなるほど共感力が低下する傾向があることを示唆しているが、心の知能に関する研究でも、共感は非常に重要な資質であり、共感力があることによって、リーダーとその組織の効率が上がり、チーム内にポジティブな雰囲気が生まれ、社員の定着率が高くなることが示されている。さらに、共感の社会神経科学に関する研究では、共感力が有効なのは、それが複雑な状況の中で十分な情報にもとづいて意思決定をする場合のきわめて重要な一側面であって、すべての人に影響を及ぼす冷淡で人間味のないビジネス慣行に対する緩衝材として働くからだと指摘されている。[*17]

第4章のエピグラフに掲げた「やさしさほど強いものはなく、本当の強さほどやさしいものはない」という言葉は、利益にばかりこだわるこの世界に、ソフトで繊細とみなされているものがもつ穏やかな力について、目を覚まさせられるメッセージを伝えている。それは押したり、おだてたり、強制したりするエネルギーではなく、いざない、感化し、力を与えるエネルギーだ。そして、だからこそ、ほかには類を見ない長期的なインパクトがある。

ブログライターのマット・トレーナーは、やさしさのあるリーダーシップがとても効果的でありながら、ごくありふれたものでもある理由を、地に足の着いた筆致で見事に表現している。

強力なコミュニティが形づくられるのは、リーダーが思いやりを示し、部下の成功のために力を注ぐ場合だ。思いやりを示すとは、人が人生で経験するさまざまな感情にやさしく対処できることを意味する。そうした感情は、どれも職場で引き起こされるからだ。気分が高揚することや、心が傷つくこともあれば、興奮や妬み、友情や対抗意識もある。そんな浮き沈みがある中で一人ひとりをサポートしようと考えるリーダーは、部下たちのパフォーマンスを高め、利他心と忠誠心を引き出す。これらの要素が、活気にあふれ、つねに最高の成果をあげるコミュニティの基礎となる。[18]

これと同様に、アンヌ・デュフールマンテルも「やさしさは拡張された現在を生み出す」と書いている。[19]やさしさが拡張要因として作用するのは、人はやさしさに接すると安全だとわかり、その結果として認知予備能が育まれるからだ。ノースカロライナ大学チャペルヒル校の心理学教授で、ポジティブ感情・精神生理学研究室長を務めるバーバラ・フレドリクソンは、この現象を1998年に報告している。[20]その独創的な研究でわかったのは、ネガティブな感情はポジティブな感情と違って、神経系の脅威反応を引き起こすということだ。この反応が起こると、知覚の幅が狭くなり（フレドリクソンの研究チームが発見したところでは、文字どおり視界が狭まる）、自分のもつ情報処理能力や認知予備能をフルに活用できなくなる。人間の本能である「闘争―逃走反応」を引き起こす感情は、実行機能を低下させ、何が何でも生き延びるための仕組みを備えた大脳辺縁系に判断が任されることで、人は「欠乏モード」に置かれる。ポジティブな感情の力についてのフレドリクソンの研究は、エドモンドソンの心理的安全性についての研究結果と同じ系譜にある。**アイデアや失敗を理由に罰を受けたり、ば**

かにされたり、攻撃されたりすることを心配する必要がなければ、攻撃的な闘争—逃走モードが緩み、副交感神経系の休息反応が作動することで、ポジティブな感情の拡張機能が促進されるのだ。

シス、レジリエンス（立ち直る力）、成果、生産性（そのほか、変化が激しく複雑な現代の世界における同様のもの）について意識的に議論するには、心理的安全性の管理にリーダーシップが果たす重要な役割を認識するとともに、ポジティブな感情の重要性と、人間の行動、創造力、ウェルビーイング、逆境を生き抜く力に関わる動かぬ事実を理解することが不可欠だ。目まぐるしい生活のペースや、熾烈《しれつ》な競争、幸せより利益を重視すること、健全なパワーより強制的な圧力を優先すること、生きる力を与え合えるような環境の構築にいっさい関心をもたないことが、どれほど高い代償をもたらすかが、現在では広く知られるようになっている。

新型コロナの流行前の２０１９年の統計によれば、アメリカ人の55％は日中にストレスを感じている。これは世界平均を約20％上回る数字だ。ストレスを感じている人のうち57％が、それが原因で無力感を覚えると答えている。[*21] **米国ストレス研究所のデータでは、圧倒的多数（80％）が仕事が原因のストレスを感じており、別の２０１８年の調査では、回答者のほぼ3分の1が、ストレスの主な原因は上司だと答えてい**

る。[22]アメリカ心理学会の2011年の調査では、勤務先の会社が社員のワークライフバランスを気にかけ、考慮に入れていると感じている人は43%しかいなかった。[23]

質の低いつながりは、
結果としてダメージを残す。

前章で紹介したミシガン大学のジェーン・ダットンはこう指摘する。「職場における無礼なふるまいの広がりは、実に憂慮すべきものだ。ある調査では回答者の90%が職場の無礼行為は深刻な問題だと考え、別の調査では回答者の75%が状況は悪化していると答えた。また別の調査によれば、看護師600人のうち3分の1が、過去5日間に職場で言葉による虐待を受けていた」。[24]ダットンは経営管理学と心理学を教える名高い教授だ。ダットンの熱意は、思いやりとそれが個人や組織にもたらす違いに関する研究に見事に結実している。何が人間の幸せと繁栄につながるのかを理解しようとしたダットンの画期的な研究は、ここで掘り下げたいもう一つの重要な概念を提示している。**それは、ダットンが「質の高いつながり」と呼ぶものだ。**[25]ダットンの理論では、2人の人間の間には、栄養を運ぶ血管のような通り道が必ずできると仮定する。

この通り道は動的な生体組織のようなもので、情報やエネルギー、さらにそのつながりがプラスになる安全なものか、あるいは危険でマイナスになるものかを感知する信号を運ぶ。

ジェントルパワーが伝わるのも、この通り道だ。**ダットンのいう「質の高いつながり」について言えば、人とのつながりが生きる力を与えるものか、それとも奪うものかを決めるのは、この「質」の側面だ。**質の低いつながりは、結果としてダメージを残す。ダットンは、「有害なつながりはブラックホールのようなもので、システムの中にあるすべての光を吸い取り、その代わりには何一つ返してくれない」と書いている。[*26] 組織における質の高いつながりを調査した結果として、そのようなつながりはポジティブさのスパイラルをもたらすとダットンは示唆する。つまり、質の高いつながりの恩恵は、そのつながりが生じた瞬間だけにとどまらず、その後もずっと続くということだ。同様に、フレドリクソンも「ポジティブ共鳴」という言葉を使っている。これは、いわば互いへの思いやりと同調性をともなう質の高いつながりで、メンタルヘルスの向上、レジリエンス、社会的資源の利用機会の拡大との関連が指摘されている。[*27]

ダットンは、あらゆる日常的な人間関係の中で、質の高いつながりを意識的に培うように呼びかける。相手が宅配便の配達員であれ、家族であれ、ビデオ会議で話している会社の同僚であれ、同じことだ。そうしたつながりは、大きな潜在力を生み出す可能性を秘めている。なぜなら、今だけでなく、この先もずっと生きる力を与えてくれるからだ。**こうしたつながりを通じて、私たちはいっそう活力を感じ、生きていることを実感し、ポジティブな思いやりを感じ取る。**そして、それがさらにプラスの成果の連鎖をうながす。そういう形での人とのつながりは、相手の長所や真価に目を向けること、相手の話に積極的に耳を傾けること、意識的にかつ敬意をもって、善意から相手と関わることで築かれていく。

実は「ポジティブな関わり」は、アールト大学の2人のフィンランド人教授、ライモ・ハマライネンとエサ・サーリネンが提唱した「システム知性」の要素の一つだ（詳しくは第13章で解説する）。私たちがポジティブな関わりを実践するとき、それは声のトーンや、相手の話をどのように聞くか（あるいは聞かないか）、ダイナミックに渦巻く社会システムの中をどうやって進んでいくか、そしてコミュニケーションや関わり方の質に表れる。ジェントルパワーが私たちに求めるのは、まさにこれだ。そういう行動をすることで、人々が安心でき、力を与えられる居心地のいい環境が生まれ、その環境が、すべての人の最大限の能力を自然と引き出してくれるのだ。

愛着スタイルは人間関係に影響する

本章の最後に、とくに私たちが困難を感じているときに、あらゆるコミュニケーションの基礎になるものについて取り上げたい。それは、ジェントルパワーを使う能力にも影響を与えるものだ。

数年前、ロサンゼルスのベニスビーチの遊歩道を歩いていたとき、ローラーブレードを履いた若い女性が目に留まった。茶色の髪にカラフルなリボンを編み込んだ彼女の黒いTシャツには、白の太い文字で「Blame It on the Parents（それは親のせい）」と書いてあった。「それ」が何を指すかはともかく、少なくともジークムント・フロイト〔訳注：精神分析学を創始したオーストリアの神経病学者〕がこの服を見たら喜んだだろうと思ったことを覚えている。うまくいかないことを何から何まで親のせいにはできないが、心理学分野の研究では、幼少期の主たる養育者との体験が、大人になってからの人間関係のスキルに大きな影響を与えるという主張が圧倒的に強い。家庭でも職場でも、受け入れられたい、安全でありたい、生き延びたいという人間の基本的欲求が、他者との関わり合いのスタイルの原動力になる。

人間関係の研究者や理論家は、私たちがこうした欲求を満たそうとするさまざまな方法を、「愛着スタイル」と呼んでいる。人間の他者とのコミュニケーションのしかたを理解するには、愛着スタイルを形づくる要因――それに関連する不安、回避、充足の経験――を理解することがきわめて重要になる。いつも同じような力関係になったり、同じように対立したりする相手もいれば、そうではない相手もいるのはなぜなのか？　反感を抱いてしまう相手と、なぜか惹《ひ》かれてしまう相手がいるのはなぜなのか？　自分の頭の中の人間関係の設計図を理解したからといって、不愉快な出会いを完全になくせるわけではないが、自分や他者をもっと明確に理解するのに役立つのは確かだ。

愛着理論の専門家であるダイアン・プール・ヘラーは、愛着スタイルはその人がもつすべての親密な人間関係に影響し、とくに快適さと安心感を与えたり、求めたりする方法を左右すると述べている。[*28] 愛着スタイルは、ジェントルパワーに関する私たちの体験にも直接かかわってくる。**なぜなら、私たちのパワーと愛への関わり方――パワーを使いすぎたり、手放したりするのはどんなときか、そうするときにどれくらい意識的で正直であるか、愛に対してどれくらいオープンか、どんなふうに他者を思い**

やるのか――は、愛着スタイルによって決まるからだ。自分の愛着スタイルを理解すれば、自分の中にある見捨てられることへの不安や、共依存、愛着への心理的欲求が満たされるように他者を操作しようとする方法などが明確になってくる。

愛着スタイルとは要するに、私たちのほとんどが幼少期からもっている、人との関わり方のパターンをいう。幼少期は発達中の自我が、外の世界に適応しながら、その世界の不完全な部分から自分を守る方法を初めて学ぶ時期だ。そうした関わり方のパターンが人に見られ、緩められることで、それに必要な心的エネルギーをほかの基本的機能に譲れるようになる。**愛着スタイルは人生のごく早い時期に形成されるため、大人になってからは、完全には自覚しないまま本能的なレベルで働くことが多い。**だからこそ、そのスタイルを少なくとも基本的に理解していれば役に立つ。自分が出合うあらゆるもの――パワー、愛、葛藤、寛容さ、境界線など――との関わり方に、愛着スタイルは影響するからだ。少し時間に遅れただけで（自分にとっては大したことではないのに）パートナーがあんなに強いリアクションを見せるのはなぜだろう、もう仕事が手いっぱいなのに、どうして頼まれるとなかなかノーと言えないのだろう、なぜ自分の気持ちに寄り添ってくれない人を親しい仲間に引き入れようとしたんだろう、パートナーの感情的な反応にいつも共感できないのはなぜだろう――そんなふうに思ったことがあるなら、愛着スタイルがそれを理解する手がかりになるかもしれない。

イギリスの精神分析医ジョン・ボウルビィは、部分的にはアメリカの心理学者ハリー・ハーロウの初期の研究をもとにして、愛着理論の大枠を提示した。ボウルビィの主張によれば、人間の愛着反応は本能的なもので、潜在的な脅威に備えて確実に生き延びられるようにするために、何世代にもわたって脳に生まれつき備わっている機能だという。[*29] そうした反応は、恋愛関係であれ親子関係であれ、あるいは仕事上の関係や、本書にとくに関連するものとしてはリーダーと部下の関係も含めて、人間関係を築き、継続させるための指針となる「愛着行動システム」を形成する。組織論分野のシンディ・ハザンとフィリップ・シェイバーによる研究は、恋愛関係や家族関係に広く見られるのと同じ愛着の力学が、職場の同僚や上司や部下との関係でも展開されると示唆している。[*30]

大事なのは、愛着スタイルを性格類型ではなく、全般的な行動様式として見ることだ。**手短にいえば、愛着スタイルは「安定型」と「不安定型」の2つの大きなカテゴリーに分類できる。**「安定愛着」とは、信頼とお互いへの親密感にもとづいて関係を築く能力であり、比較的簡単に（また、近しい人としばらく離れなければならないときに、過剰に依頼心が強くなったり不安定になったりせずに）愛情を与えたり受け取ったりできる性向をいう。安定型の愛着スタイルの人は人口のおよそ半分を占め、一般的に失敗や拒絶に対する不安が少ない。「不安定愛着」は、通常は3つの下位カテゴリーに分けられる。これらのカテゴリーは研究者によって呼び方が異なるが、反応が不安定なタイプから親密さを求めるタイプまでの連続体上にあると考えられ、一方の端が「不安型」（または「両価型」）、真ん中が「不安・回避型」（または「無秩序型」）、もう一方の端が「拒否・回避型」（または単に「回避型」）とされる。

不安型の愛着スタイルは見捨てられることへの不安が特徴で、愛情を求める行為や、すでにある受容をさらに求めるという形で表れる。ハザンとシェイバーによる別の研究によれば、調査対象者の約5分の1にこの愛着スタイルが見られた。[*31] 一方、明らかに連続体のもう一方の端に当たる拒否・回避型の愛着は、親密になることへの抵抗が特徴だ。拒否・回避型の人は、（すぐに強い感情を抱く傾向がある不安型とは異なり）なかなか人を近づけず、心の中の感情を表に出さない傾向がある。ハザンとシェイバーの研究では、調査対象の成人の約4分の1がこの愛着スタイルだった。3つ目のカテゴリーは、上記2つのカテゴリーの混合型とみなすことができる（「無秩序型」と呼ぶ研究者がいるのはこれが理由だ)。この不安・回避型の愛着スタイルの人は相矛盾する反応を示すことがあり、親密になることを強く望みながらも、親密な結びつきへの抵抗も示す。私が以前見かけた若い女性は、前に「YES!」、後ろに「NO!」とプリントされたTシャツを着ていた。不安・回避型はちょっとそんな感じだ。全体として見れば、ほとんどの人はここまでに説明した行動様式のうち複数が混じって表れる傾向があるが、たいていは、気力が弱っているときや不安におそわれたときに決まってとるスタイルがある。

自分の愛着スタイルを知るとともに、人間の神経系は第一に危険から身を守るように進化してきたことを理解することは、自分や他者の行動を理解する助けになる。また、とくにその行動が理屈に合わない、あるいは場違いだと見える場合は、人間を突き動かす基本的な欲求を理解するのにも役立つ。愛着スタイルは心理学の世界ではよく知られているが、社会全体では広く議論されていないようだ。私はコーチングをするときによく愛着スタイルの話を持ち出すが、だいたいクライアントから珍しいものを見るような目を向けられる。けれども、愛着スタイルの枠組みはとても役に立つツールになる。話を聞けば誰でも、もっと早く知っていればよかったと思うはずだ。グーグルマップなどの地図アプリが私たちの移動のしかたを完全に変えたのと同じように、愛着スタイルを理解すれば、とくに人間関係という、ときにややこしい領域に関しては、そこに対処する方法もすっかり変わるだろう。愛着理論について詳しく掘り下げていくと本書にはとても収まりきらないが、もっと詳しく知りたいという読者の方は、ここに書いたことを取っかかりとして参考にしてほしい。愛着スタイルについて詳しく学んでみれば、人としての成長に役立つツールがもう一つ手に入るのは間違いない。

プール・ヘラーのような多くの愛着理論の研究者の考えでは、自分の愛着スタイルについて学ぶのは自分を修正するためというより、むしろ自分を理解するためだ。私たちは自己認識を広げるたびに、何かしら役に立つものを意識の中に取り込む。それが役に立つ選択肢の幅をさらに広げることになれば理想的だ。ジェントルパワーへの道では、自分の頭の中がどうプログラムされているかについての認識を高めることも必要になる。そうすることで、私たちは自分にとってよくない思考や行動より、自分に力を与えてくれるものを選びとることができる。自分の頭の中の設計図と、それにともなう行動様式を理解すれば、自分にも周囲の人にも、人生に幸せや安心感、充実感をもたらすことにつながる。私たちは自分について何かを知るたびに――それが何かに対する嫌悪感や、パワーへの渇望でも、他者との境界線や主体感、あるいは不安や欲望でも――本当の自分に近づいていく。そのこと自体が健全な愛着の基盤であり、ジェントルパワーの基盤でもある。

第3部

不屈の強さ

第6章 自分の中の弱さと強さを知る

自分の行為に臆病で慎重になりすぎてはいけない。
人生はすべて実験なのだ。

――ラルフ・ワルド・エマーソン*1

私自身のシスとの旅は、フィンランドで冬のさなかに生まれたときに始まった。この世に生を受けた瞬間は取り立てて何かあったわけではないが(母が23時間も陣痛に苦しんだことを除けば)、生まれてすぐに、院内感染からの回復を助けるために保育器に入れられた。このときは、私のシスのほうが勝った。そしてその後の人生でも、何度かそういう経験がある。けれども、私もほかの何百万人ものフィンランド人と同じように、日頃からシスの話を聞いて育ってきたとはいえ、この運命的な2文字の言葉が私の人生と切り離せないものになったのは、それよりずっと後の三十代になってからだった。それはペンシルベニア大学で学んでいた時期のことだ。講堂で、「ポジティブ心理学概論」の講義が始まっていた。ほかの何人もの学生と同じように、私もすぐに講義のテーマと、頭の切れる、人を引きつける魅力のある教授にすぐに夢中になった。それがアンジェラ・ダックワース教授だった。

この講義を受けることにしたときは、ダックワース教授のことはよく知らなかった。**講義初日の話題は、教授の有名な研究のテーマである「グリット（やり抜く力）」だった。**その内容を聞いて、私はすぐにシスを連想した。ただ、「グリット」という言葉が、私が生まれたときから知っている言葉の単純な訳語ではないこともわかった。講義が終わると、私は矢も楯《たて》もたまらず演台まで歩いていき、講義のお礼を言って、おそるおそる自己紹介した。教授は知的で興味深そうな目で私を見ると、温かく挨拶を返してくださり、「フィンランドの方にお会いしたのは、あなたが初めてです」とおっしゃった。その後、その日のうちに私は教授にメールを送り、「シス」について聞いたことがあるかをたずねてみた。もちろん、おありだった。そして、教授のメールはこう続いた。「ひょっとしたら、いつかあなたがシスをテーマに修士論文を書くかもしれませんよ」。

シスに関する私の研究には、最初から2つの要素があった。1つは、人間はどうやって極度の逆境を乗り越えるのかを理解したいということ。2つ目は、逆境というのは人間の経験の中でとても大きなものなので、逆境をエネルギーに変える方法（言ってみれば、プラスチックごみを再生可能エネルギーに変換するみたいに）を見つけることだ。実は、最初に書いた応用ポジティブ心理学の修士論文案では、革新的と言われていたシステム知性の理論を取り上げることにしていた。そのときは考えもしなかったが、のちにダックワース教授が論文のテーマを考えなおすようにうながしてくださり、みずから指導教官になるとまで申し出てくださった。

一流の研究者に指導していただけるとなって俄然《がぜん》やる気になった私は、それまでの人生経験から得た知識と意志の強さを武器に、まだあまり解明されていないシスの世界に飛び込んだ。研究がなかなか前に進まず何年も苦しんだ後、ようやく道が開けてきたように見えたものの、それほど時間がたたないうちに、疑う気持ちが押し寄せてきた。私なんかがシスを論じていいの？　フィンランド人にとって特別で大切な概念なんだから、もっと経験豊富で年を重ねた人がやるべき仕事では？　何世紀にもわたって隠されてきたシスの秘密を私のような若輩が解き明かそうとすれば、同胞のフィンランド人に鼻で笑われるだけではと不安だった。それだけならまだしも、あからさまに笑い者にされることだってありえた。

幸運なことに、私にはダックワース教授という頼れる人がいた。教授は要求の厳しいアメリカの大学システムの中で研究を続け、今はペンシルベニア大学で自身の心理学研究室を運営している。それに加えて、2人の子どもの母親でもある。口には出せない疑心暗鬼やプレッシャーも経験済みだし、教えている学生たちがさまざまな困難や迷いを乗り越えるのを長年見守ってきた人だ。私が不安を打ち明けたときも、教授は動じることもなく、こう諭してくれた。**「何もかも正しくやる必要はないの。やるべきことをやって、正直でありさえすればいいのよ」**。それ以来ずっと、この言葉は北極星のように私を導いてくれている。

なぜシスなのか、なぜ「やさしい」シスなのか？

宇宙探査や医療、科学技術、社会科学などの分野が大きく進歩しているにもかかわらず、そうした進歩の根底にある人間の精神についての理解は、まだまだ驚くほど進んでいない。今から100年以上前、アメリカの哲学者・心理学者のウィリアム・ジェームズは、人間の内部には危機に直面したときに活性化するエネルギーが宿るという考え方を提示し、注目を集めた。ジェームズはこのエネルギーを「第二の風」と呼び、それを理解する目的で、眼科医が目を詳しく調べるときに用いる解剖図のような全体的な関係図を作成することを提案した。[*2]

たとえ話をしてみよう。飛行機や列車に乗り遅れないように急いで乗り場に向かっているとする。もうすぐ着くというところで、突然、目の前に回転ドアが現れた。オフィスビルやホテルでときどき見かける、あのとんでもなくゆっくり回るドアだ。ひしめく人波をスイスイすり抜けてここまで来たのに、こんなからくりに邪魔されるなんて……。胸をドキドキさせながら、混み合ったドアの中に体をねじ込める隙間ができるのを待ち、向こう側へ出られるまでまたじっと待たなくてはならない。私はこういう困った状況をよく思い浮かべる。何もかもうまくいっていたのに、急にうまくいかなくなるという場面だ。こういう障害物はいたるところにあり、それにぶつかり、いったんペースを落として対応を考えなくてはならなくなることは誰にでもある。

困難な状況には、すべての人を平等にする力がある。**悲しい出来事があったときや、大切な人を失ったとき、重い病にかかったときなど、人が日々出合うさまざまなトラウマの前では、国籍や性別、社会的地位、政治的信条などに関係なく、誰もが無防備になり、傷を負う。**けれども、逆境とは、人生における望ましくない障害物というだけのものではない。逆境は、私たちが充実した人生を送る助けになり、自分の中に思っていた以上に強さと情熱があることに気づかせてくれる。そして、そうするための能力は誰もがもっている。私たちは自分と同じ人間が困難に打ち勝つのを目にしたとき、人類が誰でも同じようにもっている尊厳と強さについて、さらに深く知ることになる。私のシスの研究は、まさにそこを目指している。**つまり、自分の中の弱さを知ると同時に、それ以上に自分のパワーとレジリエンスを理解することだ。**

シスもまた、私たちの潜在的なパワーを解き放ち、集団として全体のためになる行動をとる能力を高めるためのツールだ。シスは私たちの誰もがもっている、人間としての存在の基本的な側面に関係しているため、分断よりも結束を重視する助けになる。とはいえ、シスは何にでも効く奇跡の妙薬ではない。人間の特性には押しなべて肯定的とみなされるもの（たとえば勇気）もあるが、実はそうした特性にも、まったく望まれない結果を引き起こす影の面がある（勇気の場合は、無謀さ）。第4章で言及したコント＝スポンヴィルが言うように、「何よりも、勇気は、善悪を問わずあらゆることに役だちうるが、善悪の性質を変えるものではない」のだ[*3]（中村昇ほか訳『ささやかながら、徳について』より）。同じように、17世紀フランスの哲学者デカルトは、謙虚さは徳にも罪悪にもなりうると述べている[*4]。これらの特性と同様に、シスもその表れ方によって、ためになる場合と害になる場合がある。どんな能力も、それがどのような特徴となって表れるかは、私たちがその能力をどう使うかによって変わってくる。そしてシスをどう使うかは、その人の価値観、信念体系、行動様式によって決まる。したがって、シスとジェントルパワーは究極的には自己発見の問題なのだ。

シスとは、ポジティブな違いを生む形で本当の自分を表現することだ。

フィンランドにおけるシスの最もよく知られたイメージは、かなり一面的なものだ。それは、史上最も厳しい冬といわれた極寒の中で、侵攻して来たソビエト赤軍から祖国を守るため、命を賭して「奇跡の冬戦争」を戦ったフィンランド軍の兵士たちの姿だ。女性も男性もひたすら任務に邁進《まいしん》し、断固たる決意をもち、寡黙で、弱みを見せず、助けを求めることもなかった。シスの概念になじみのある人なら、納得できるイメージだろう。では、「やさしいシス」とはいったいどんなものだろう？ **そもそも、「やさしい強さ」などというものが理屈として成り立つのだろうか？**

もちろん、成り立つ。私たちは、容赦なく人を傷つける強さを美化することなく、物事を成し遂げ、困難を乗り越えて強くなる方向へ向かうことができる。温かみのあるシスについて思慮に富んだ議論をするには、権力や、どんな犠牲を払っても——他者や自然、個人の幸せを犠牲にすることも含めて——勝利することを称賛する語り口に異議を唱えることが必要だ。実を言えば、シスを重要なものにしている要素は、品格、バランス、調和、共感といった特質だ。これを念頭に置けば、逆境や不確実さ、カオス状態に直面しても、それほど不安を感じず、直感と知恵を頼りにオープンな心で立ち向かうことができる。シスは単なる生存の手段ではないし、何が何でも難局を乗り越え、抜け出すことだけを目指すものでもない。シスとは、ポジティブな違いを生む形で、本当の自分を表現することなのだ。

障害物を手段にする

インドネシアのバリ島に住むジャヌル・ヤサは尊敬を集めるコミュニティリーダーで、合気道の師範でもある。武道への献身から、ウブド村の美しい水田風景の中にひっそりたたずむ自身が経営するレストラン「モクサ」の敷地内に、伝統的な日本式の道場を建てた。私はそのジャヌルと一緒に、持続可能性とレジリエンスに関するパネルディスカッションにスピーカーとして招かれたことがある。壇上で私の隣に座っていたジャヌルは茶色の瞳を輝かせながら、実現不可能な夢を追う勇気をどうすればもてるのかという来場者からの質問に答えた。その表情には、重い病を克服し、数々の賞に輝くレストランを一から築き上げ、合気道の稽古を10年以上続けている人ならではの決意があふれていた。ジャヌルのような人が「障害物は手段です」と答えれば、そのメッセージはしっかりと心に届き、自分の中にある能力と勇気を思い出すエネルギーを与えてくれる。

今から2000年近く前、時のローマ皇帝マルクス・アウレリウスはこう書き残している。「なぜなら、精神はその活動を妨げるものをすべて助けに変えてしまうからだ。つまり、妨げになっているものが行為に役立つものになり、道をふさいでいる障害物が前進をうながすものになる」[*5]。アウレリウスはこの一節を含む有名な『自省録』を、自身をさらに向上させるために書き記した。この伝説的なリーダーは、貴族の血筋であるがゆえに、あるいは侵略者を撃退したために、あるいは多くの民の命を奪った天然痘の大流行に対処したために与えられた権力《パワー》に、ただしがみつくだけではなかった。いかに人々をリードし、よりよい人間になり、逆境によりよく対処するか、いかに感情を制御し、最も重要なことに意識を集中するかを絶えず探求しつづけることによって、みずからパワーをつかみとった。アウレリウスと同様に私たちも、『自省録』のような自分なりの名著を誰もがもっていて、その内容が、その人の問題や苦難への対処のしかたに表れることがある。フィンランド人の場合は、その名著が「シス」と呼ばれるわけだ。

リーダーなら、ぜひこのポイントを覚えておこう。**あなた自身や、あなたの組織やコミュニティに最大の不安を抱かせる物事は、あなたにとって最大の恵みになりうる。**それは、いつか必ず直面する不安や困難から、いかにポジティブな意味を引き出すかということでもある。子育て中の親や、それに限らず、日常的な人間関係の大小問わないあらゆる機会を通じて、自分自身をリードしようとするすべての人が覚えておくべきポイントは、私たちはそうした人間関係を通じて、幸せであってほしいと心から願う相手にもっと力を与えられる存在になる方法を学ぶことができるということだ。

リーダーシップは、最も勇気が必要で厳しいと同時に、最も実りの大きい自己発見への道の一つだと思う。親子など、自我が脅かされる原因になりかねない親密な関係と同様に、リーダーシップにも、相手の表向きの顔をはぎ取り、心の底の不安を呼び起こす側面がある。そうした体験をすると、人は不健全な防衛機制（コントロール、回避、人によく思われようとするなど）を働かせて逃れようとする場合がある一方で、目の前の状況をまっすぐに受け止めることで、自己理解と思いやりの深まりという宝物を見つけられることもある。だから、やさしいシスとジェントルパワーを探す旅では、柔らかく構えて、ダメージを受けすぎないようにすることが必要だ。

大きな苦痛や困難に出合ったときに、自分のシスを意図的に利用しようとする行動を形容するのに、私は「シスっぽい」という表現を使う。それは、たとえ周りから見ればもう限界だろうと思えても、やるべきことを成し遂げるまで決してあきらめない人の目に輝く炎だ。日々の単調な仕事に勤しむときも、厳しい苦境にあるときも、「シスっぽさ」のある人は、まるで鋼の塊から魂をもった美しい名刀を打ち出すベテランの刀工のように、みずからの生命の力を巧みに操ることができる。

新型コロナの流行が世界を揺るがしたときのような変革の時期には、人は自分の人生に対する予測可能性やコントロールの意識が揺らぎ、恐怖や不安をかき立てられる。けれども、研究が示すところでは、逆境には、人の信念体系に疑問を投げかけ、新しい物の考え方への道を開くことによって、自分自身を、そして社会全体をも変革させるための目的志向の行動を引き出す可能性もある。*6 **つまり、ときに逆境は、自分自身と他者のための新しい、より健全なパラダイムへ移行するための大きなチャンスになるかもしれないのだ。**

第7章 粘り強さ、行動マインドセット、強さ

死の一撃は生の一撃
死ぬまで目覚めなかった者には――
生きたとしてもずっと死んでいて
死んではじめて生が始まる者には――
――エミリ・ディキンスン[*1]
（岡隆夫訳／新倉俊一訳編『ディキンスン詩集』より）

私はシスの本質を探るため、1000人以上を対象に調査を行い、定性的データを集めた。ここでその一部を紹介したい。[*2]このデータの詳細な分析から、3つのテーマが浮かび上がった。それは、並外れた粘り強さとしてのシス、行動マインドセットとしてのシス、そして実体のある強さとしてのシスだ。これらはそれぞれ、シスを理解するための異なる切り口であって、そのすべてを結びつけるのは、何があっても――たとえ、どう考えても立ち止まるしかない状況でも――「前に進もう」という意識だ。

「ゆっくり進む」

シスは、不可能と思える夢を抱く人や、勝てないと思える敵と戦う人に、自分の限界を超える領域に気づかせ、「今、この瞬間」を最大限に生かす力を与えてくれる。ほとんどの人は人生のどこかの時点で、これがシスだと言える出来事を経験する。大きな困難に直面し、理屈で考えれば萎縮して後ずさりしても当然と思えるときに、むしろさらに一歩進んで、未知の世界へと踏み出していく。

ニュージーランド縦断マラソンに挑戦したとき、私はそういう瞬間を1日に何度も体験した。もう完全に力を使い果たしたと感じたときに、まるで魔法の力が働いたかのように新しいエネルギーが湧いてきて、立ち止まることなく前に進めた。その後もまだ体の中にエネルギーが残っていて、さらに驚いたものだ。大事にしたのは、たとえどんなにゆっくりでも、とにかく進みつづけること。**まさにこの「ゆっくり進む」ことが、前に進みつづけ、一歩ずつ進めば最後には目指す場所にたどり着くと信じるためのカギになった。**

これと同じことが、あなたにも当てはまる。どんな状況にいようと、その状況がどれだけ困難だろうと、いざとなれば引き出すことのできるエネルギーを誰でも豊富にもっている。主人公が懸命に（ときには自分ができると思っていた以上に）がんばった結果として、新たなエネルギーと情熱を得て逆境を乗り越える物語はたくさんある。あなたもこれまでの人生の中で、シスを感じた瞬間を思い出してみよう。そのときのエネルギーと、決してあきらめない情熱は、今もあなたの体内に生きていて、解き放たれるのを待っている。

私の研究から浮かび上がってきた3つのテーマのうち1つ目の「並外れた粘り強さ」とは、生存し、日常的な仕事をこなすための能力とは別の、それまで使われたことがなく、ストレスが高まったときに発揮される能力を指す。ここではとくに、尋常でない試練や状況に直面したときの粘り強さ、言い換えれば、自覚していた以上の内なる潜在能力のことだ。**つまり、自分にあると思っていた精神的または身体的な予備能力の限界を大きく超えるエネルギーを引き出すことを意味する。**調査対象者の一人の言葉を借りれば、「シスとは自覚していた限界を超えたところにある強さを指し、誰の中にも存在し、乗り越えられない逆境に直面したときに思いがけず発揮されるもの」なのだ。自分の中に目に見える以上の力があると思えれば、既知の能力の限界を超えて進まなければならないときにも希望を見出せる。

並外れた粘り強さのわかりやすい例の一つは、マラソンの世界にある。熱心なマラソン愛好家であれ、ランニングシューズを履いたこともない人であれ、人生で起こるほとんどのことは長距離走にたとえることができる。人生では「壁にぶつかる」ことがよくある。マラソンでは、体内に蓄えられたエネルギー源の糖質を使い切る終盤にこの現象が起きる。突然何もかもが減速したように感じ、目の前のチャレンジを完走するエネルギーがもう残っていない気がする。**現実の生活は、こんなふうに壁にぶつかってばかりだ。**子どもができたばかりの人はそれまで経験したことがないような睡眠不足に陥るし、請求書がたまっているのに突然失業して支払いができなくなる人もいる。早く仕事を終わらせようとがんばっていたのに、金曜日の午後になって上司が山のような書類をデスクに置いていくことだってある。とても手に負えないと思ったとき、私たちの体はそれに応じて反応する。私の場合は、ちょうど人生が大きく変わる年齢のときに、本書を執筆しながら博士論文の最終仕上げにもかかっていた時期がまさにそうだった。誰にでもそういう時期が必ずある。それは主観的で、それぞれの人に特有なもので、それに耐えられる限界は、たいていは時とともに変わっていく。

人間の限界は、思いのほか調整できるものだ。

並外れた粘り強さとは、こうした不可能と思われる状況のときにシスが表れ、物事をやり遂げさせてくれることをいう。ほとほと困ったときに「第二の風」が吹いて、泣いている子どもをなだめたり、新しい仕事を見つけようと努力したり、上司に有無を言わせないように、週末が来る前に仕かかりの仕事を終わらせたりできる。やり遂げようとしていることが何であれ、私たちの内なるガンダルフ〔訳注：J・R・R・トールキンの小説『指輪物語』に登場する魔法使い〕が足元の今にも崩れそうな橋に杖《つえ》を突き立て、「ここは断じて通さん！」と宣言するわけだ。マラソンの話で面白いところは、マラソンを走った人のほとんどが、レース終盤にあの乗り越えられそうにない壁にぶつかったと言いながら、結局は完走していることだ。**別の言い方をすれば、この例での並外れた粘り強さは、例外というより定石なのだ。**

あるマラソンに出場したとき、私はエネルギー配分を間違えて、いつもより早く「壁」にぶつかってしまった。まだ16キロほどしか走っていないところで、こんなに早くぶつかることがありえるとさえ知らなかった。まだあと25キロ以上もあるというのにまったく動けなくなり、体中が痛くなった。そのとき、不意に研究者としての自分が顔を出した。「面白いことになったわね。この先はシスだけを頼りに行くしかなさそう！」そして、そのとおりになった。走っているというより、ほとんど足を引きずるようにしながら、何とかゴールラインにたどり着いたのだ。この経験から、私は自分のもっている能力について学んだ。具体的に言えば、体内に蓄えられたエネルギーの量はきっちり決まっているわけではないことがわかった。私たちはほぼどんなときも、自分で思っているよりはるかに強い。それに、何かを行うのに一つの確実な方法に固執さえしなければ、戦略を調整することができる。このときの例でいえば、まずペースダウンすることを受け入れること。そして、そのときの状況を性急に判断せずに、好奇心をもって見ればいい。ただし、だからといって、私たちの身体と精神に限界はないということではない。人間の限界は、思いのほか調整できるものだということだ。

今から70年近く前、イギリスの陸上選手ロジャー・バニスターが、世界で初めて1マイル走で4分の壁を破った。それまではずっと、1マイル（約1600メートル）で4分を切るのは不可能だとみなされていた。現在では、その「不可能」だったはずのタイムがさらに17秒も縮まり、1マイルを4分で走るのがプロの男子中距離ランナーの基準になっている。事実、3分50秒の壁を初めて破ったニュージーランドのジョン・ウォーカーは、現役の間に100回以上も4分以内で1マイルレースを走った。

イタリアのトリノ大学の研究チームが２００８年に発表した研究では、エネルギーを高めるためにカフェインを投与したと言われたものの、実際にはプラセボを投与された被験者が、投与後に前より重いウェイトをあげることができた。[*3] また、別の研究では、自転車の40キロタイムトライアルのシミュレーションで同じようなプラセボ効果がみられた。[*4] こうしたプラセボ効果は、痛みや運動障害に関しても幅広く例示されている。[*5] こうしてみると、人間の体内には、それまで自分の能力の範囲をどう認識していたかにかかわらず、必要なときに引き出されるのを待っている計り知れない力の蓄えがあるらしい。**そしてその力を引き出すには、そのときの状況について自分自身にどう言い聞かせるか、あるいは人から何を言われるかが大事なようだ。**

厳しい予想を覆して勝利することや、逆境を乗り越えることは、人間の持続力（endurance）を示す話として古今東西どこでも語られるが、その現象自体を説明するのは難しいことが知られていて、このテーマに関する研究はごく少ない。「粘り強さ（perseverance）」とは、障害やくじけそうなことがあっても断固として何かをやり遂げようとすることであるのに対して、それと関連する概念である「やり抜く力（grit）」には情熱が関わっていて、その情熱が粘り強さに変わる。アンジェラ・ダックワースとジェームズ・グロス（感情制御に関する先駆的研究で知られるスタンフォード大学の心理学教授）による2014年の論文は、「やり抜く力」の中心的要素の一つは目標志向の意識、つまり主要な人生の目標の追求だと示唆している。[*6]やり抜く力と粘り強さはどちらも、逆境に負けずに努力を続けることだが、そのきっかけとなる特定の不利な出来事は必ずしも必要ではない。

シスのとくに際立った性質は、困難の克服につながることと、逆境にあるときに、それまで見られなかった強さが引き出されることだ。私の調査データでは、シスが長年の人生の目標の追求と関連づけて説明される例はほとんどなかった。持続力という点では、シスも粘り強さややり抜く力と重なるところがあるが、長期的なスタミナより短期的な強度が重視される点が異なる。また、データにあるシスの事例のほとんどは、やり抜く力に典型的に見られる意志の強さと根気強さが関係しているが、情熱や、大きな人生の目標の追求はあまり関係がない。シスで大事なのは情熱や達成、勝利よりも（それも大事な場合もあるが）、いい戦いをすること、そして全力を尽くすことだ。区別のしかたはもう一つある。やり抜く力と粘り強さは、私たちにやるべきことを始めさせ、長く続けさせてくれる力であるのに対し、シスは、ゴールまでまだまだ（たとえば25キロとか……）あるのにエネルギーが尽きてしまったときに頼ることができる予備の燃料タンクなのだ。

困難なことに挑戦する行動マインドセット

私たち人間は、今置かれている状況や環境について絶えず頭の中でシミュレーションし、チャンスや潜在的な脅威を検知しようとしている。[*7] 今やろうとしていることが、自覚している自分の能力を超えていると思えるときは、（少なくとも生存の観点から見れば）引き下がるのが合理的だ。そういうときは、可能性のある未来に引き寄せられて前進するよりも、過去の経験に引きずられて後退してしまいやすい。行動マインドセット（行動を起こす意識）とは、自分を未来の方向へ向けることを指す。**いわば、自分のエネルギーの蓄えや可能性、能力を超えると思われる挑戦に、積極的に、勇敢にアプローチする姿勢だ。**第5章で紹介したアシュリー・ベルナルディがもっていたのが、まさにこのマインドセットだ。ベルナルディはうつ病から回復するための長い道のりを経て立ち直り、やがて経営する会社の企業風土を変革し、自分自身にも他者にもよりよい人生をもたらした。長い闘病を経験したり、大きな夢に賭けてみたりしたことのある人なら、何か新しいものを築き上げようと歩みはじめるには、勇気と信念と、神がかりなほどの大胆さがどれほど必要かを知っている。

最近、友人のルイス・アローロから電話があった。人生の難しい局面に来ていて、力を貸してほしいという。もうすぐ子どもが生まれる予定の上、近く始まる大きな仕事にプレッシャーを感じていた。私は、いま直面していることに関して、生きていると実感できることはあるかとたずねてみた。ルイスの答えは印象的な美しい言葉で、行動マインドセットがいかに魔法のように働くかをはっきりと示していた。「いや、いまは何も。だけど、いま経験していることの向こう側に何があるのかを考えると、生きてるなって感じる。それがエネルギーになっているよ」。進退きわまったときに必要なのは、たいていの場合、この先の困難な道のりの最初の一歩を踏み出すための一筋の希望の光だけなのだ。

文字どおりのマラソンでも、マラソンにたとえられる人生でもそうだが、並外れた粘り強さが自覚していた能力を超えることに関係するのに対して、行動マインドセットは、自分の能力が試される旅にまずは乗り出すことを可能にするものだ。私の調査で、ある回答者は「(シスとは)普通なら困難だ、恐ろしいと思うような状況に立ち向かう、妄想ではない恐れ知らずの心」と答えた。行動マインドセットとは、自覚している能力の限界まで意識的に近づき、精神的強さの限界を広げることを意味する。人は自分の恐怖心と向き合わないかぎり、自分にどれくらいの強さや能力があるかはわからないのが普通だ。行動マインドセットは、拒絶や後ずさりで反応するのではなく、信念と好奇心をもって逆風に立ち向かうように導いてくれる内なる確信だ。私がニュージーランド縦断マラソンという夢を描きはじめることができたのも、この行動マインドセットのおかげだ。それは、2年に及ぶ途方もない準備期間を経て、ようやくスタート地点に立てた挑戦だった。だが、本当の挑戦はそこから始まる。うまくいく見込みは明らかに低かったが、味方になってくれたのは私の行動マインドセットだった。夢が行き詰まったり、日の目を見ることなく葬られたりする原因は、ほとんどの場合は最初におそってくる恐怖感だ。私の場合、行動マインドセットのおかげでそこを切り抜けることができた。

うまくいく見込みが低くても行動を起こしたときの結果は、その挑戦そのものよりも、自分がその挑戦をどうとらえるかに関係が深いことを示す証拠がある。スタンフォード大学の心理学教授で、30年以上にわたってマインドセットの研究をしているキャロル・ドゥエックの研究チームは、強さと意志力は、自分の能力についてどう考えているかに大きく左右されると示唆している。[*8] 当然ながら、これはいいほうに転ぶことも、悪いほうに転ぶこともある。自分にはシスがあると思っていても、ないと思っていても、どちらも正解なのだ。

私たちが他者についてもっている考えが、その人のパフォーマンスに影響する場合があることを示す研究もある。アメリカの心理学者ロバート・ローゼンタールと教育者のレノア・ジェイコブソンによる1968年の古典的研究は、教師の生徒に対する期待が生徒の成績に影響することを明らかにした。[*9] 小学生に事前に知能検査を受けてもらい、その上で「知能が伸びる飛び抜けた潜在能力」が認められる生徒の名前を教師に伝えた。その名前は実は無作為に選んだものだったが、8カ月後に調べてみると、教師に伝えたその「とくに有望」な生徒たちは実際に成績が上がっていた。その理由の一つは、教師がその生徒たちにより注意を向けるようになり、大きく期待もしたことから、生徒たちがその期待に応えようとやる気になったからかもしれない。ローゼンタールらは、「私たちはある行動を他者に期待するとき、その期待される行動が生じる可能性が高くなるように行動すると考えられる」との見解を述べている。[*10] しかし、これと関連するが別の視点として、生徒自身が自分の潜在能力やスキルを違った角度から見るようになったというとらえ方もできる。

ドゥエックのチームの研究からは、研究の参加者の中で自分は意志力が弱く、強くはならないと思っている人は、意志力は自然と強くなると思っている人に比べて、途中であきらめる確率が高いことがわかった。[*11] ドゥエックらはこの意志力は強くなるという意識を「成長マインドセット」と呼んでいる。**つまり、自分の能力は変わらないのではなく進化しつづける、自分の行動によってその能力に影響を与えられるという考え方だ。**行動マインドセットはこの成長マインドセットのきょうだいのようなもので、問題や課題に向き合う姿勢に影響するシスの特性だ。たとえば、自分の実力よりレベルの高いレースに出場を申し込むこと。どんなに先は長くても、自分の起こした事業にリソースを注ぎ込むこと。失恋に傷ついた後に、また勇気をもって誰かを愛すること。それに、親になろうと決心することだってそうかもしれない。行動マインドセットのある人が山を登るのは、頂上ではもっと広々と澄みわたった景色が待っていると信じているからだ。簡単に行き詰まったり、一時的な問題に執着しすぎたりしない。彼らにとって大事なのは、そのプロセスであり、学ぶことであり、成功するまで挑みつづけることだ。

行動マインドセットは私たちに、自分の中に希望と勇気を決して失わない部分があることを気づかせる。だから、何かが間違った方向に進む可能性があるからといって、身動きがとれなくなることはない。辞書的な意味では、進化は生存の前にしか起こらない。私たちの体内の無数の細胞は、何億年もかけて続いてきた自然淘汰《とうた》と生存の証言者だ。私たちは、ちょうど生存を確保できるだけの進化をし、それ以上は進化しないようにプログラムされている。進化は、それが生命の継続につながる場合にだけ起こるのだ。そのため、私たちはよくないことにばかり注目する傾向がある。そうするほうが、生存する上で役に立つからだ。この傾向は「ネガティブバイアス」とも呼ばれる。つまり、私たちの頭の中では美しいものやいいものよりも、脅威のほうが優先するということだ。**だからこそ、自分の可能性やうまくいっていることに意識的に注意を向け、自分がもつ内なる強さを自覚することがとても重要になる。**

健全な予備エネルギーとしてのシスは、私たちをただ生存しつづけるだけではない領域へと連れていく。生き生きと暮らし、意義ある人生を送れるようにしてくれるのがこの力だ。私たちはシスの力で、果敢に新たな挑戦をし、体の中に眠っているエネルギーと精神的な強さを引き出して、とてつもなく大きな仕事をやり遂げることができる。この行動マインドセットとしてのシスのもつ力の一つは、希望を呼び起こす力だ。この力は、自分にとってマイナスなものに目を奪われ、近視眼的になりやすい私たちの視界の裏でひそかに作用する。行動マインドセットは、いま目の前にある困難や山積みの仕事の向こう側にある、自分の未来像を見せてくれるのだ。行動マインドセットがあれば、心の目で未来をのぞき見ることができる。そして、もし一瞬でもそれができれば、新鮮な空気とエネルギーが流れ込んで私たちは元気を取り戻し、自由になって前進しつづけるために必要なものが自分の中にあることを思い出す。行動マインドセットとは、思い切って一歩踏み出すこと、そして、時が来ればやるべきことをやり遂げ、自分のビジョンを貫き、障害を乗り越えることができると信じることだ。

研究では、ある種類の力が働き出し、別の種類の力がなくなる地点を理論化しようとするものだが、日常の現実にどっぷりはまっているときには、そんなことは大した問題ではない。**大事なのは、朝起きて、その日の分の仕事を続けられるだけのエネルギーを見つけること、家族のそばにいること、自分に正直であること、そして最終的には、生きがいのある人生を送ることだ。**私はニュージーランド縦断マラソンを走っているとき、自分が今、どこから引き出したエネルギーを使っているかを考える必要はなかった。頭の中にあったのは、自分の中に、今感じているすべての痛み、不安、障害物を合わせたものより大きな何かがあるという感覚だけだ。20世紀フランスの小説家アルベール・カミュがこう書いているように——「冬のさなかに、私は自分の中に打ち勝ちがたい夏があることをようやく悟った」。[*12]

人は誰でも内なる炎をもっている。その炎があるからこそ、私たちは凍える夜にも進みつづけることができる。この謎めいた、言葉では言い表せない資質が、人間に関して何よりも神秘的な、勇気を与えてくれる力だと私には思える。

「内臓の力」

シスを研究しはじめてから最初の3年は、何か大事なポイントが欠けている感じがずっとつきまとっていた。それが何かははっきり説明できなかったが、どうもしっくりこないままだった。2016年の元日、私は真夜中過ぎまで論文を書いていたのだが、どうしても満足がいかず、これ以上無理しても無駄だと、とうとうノートパソコンを閉じた。1カ月かかろうと、1年だろうと10年だろうと、そのときが来れば必ずひらめくはずよ。それより1時間前とかじゃなくてね——そう思った私は、ベッドにもぐり込んだ。そして目を閉じたとたん、「そのとき」がやって来た。

シスは認知的ではなく、本能的なものだ。

それより2年前、同じポジティブ心理学課程で学んでいた学生のトラヴィス・ミルマンが、私のシスについての発表を振り返って意見を言ってくれたことがある。彼が話しているとき、その両手が自分のおなかのほうをしっかり指しているのに私は気づいていた。「そうか、これだったんだ！」と私は思った。思い出してみると、シスについての調査でインタビューした人たちも、ほとんどが同じようなしぐさをしていた。心理学を学ぶ中で、それなりのものの考え方がすっかり身についていた私は、人間の行動や精神的強さをどうしても「心的」なものとして見てしまっていたのだ。それに気づいたことですべてが変わり、シスの根底にある本質を新しい視点で見られるようになった。シスは、心理学で普通取り上げられるほかの資質とは違う。認知や意志、精神だけで語れるものではないのだ。

もちろん、並外れた粘り強さと行動マインドセットは信念や意識に関係するが、シスはそれだけではない。シスは形あるものとして表れる。調査回答者の一人が「内臓の力」と表現したように、シスはまったく違う生き物なのだ。シスは認知的ではなく、本能的なものだ。知性というより、体の反応に近い。トラウマの治癒に関する先駆的な研究で知られるピーター・リヴァインは、いくつもの著書で「ソマティック・インテリジェンス（身体知性）」という用語について解説している。[*13] リヴァインを含む研究者らは、身体は知能が入る容器であり、その言語は脳の言語より原始的で本能的だという仮説を立てている。リヴァインは、身体こそが、筋細胞に蓄えられていたエネルギーの残りを引き出すことでトラウマを癒すためのカギだと考えている。体の内側から見た人間の経験を指す「ソマティクス」という用語を発案したことで知られるアメリカの哲学者の故トーマス・ハンナは、「身体的自由の状態は、多くの意味で最適な人間の状態である」と述べた。[*14] この状態にあるとき、精神にではなく身体に深く刻まれたトラウマの底流から、私たちは解放されるのだ。

「内臓の力」は、「底力」とも言える。 なぜなら、その力は普段は眠っていて、尋常ならない挑戦に挑もうとするときにだけ使えるようになるからだ。アウレリウス帝はこんな言葉を残している。「忘れるな、糸を引いて操るのは内に潜むものだということを。それは弁論の力であり、命であり、言うなれば、それこそが人間なのだ」。[*15] シスとは精神的強さと同等の、実体のあるものではないかと、私は考えはじめた。身体的な強さそのものではなく、身体の中にあるパワー回路のようなもので、体内に眠っているパワーの動力源が、体の組織の内部に、つまり内臓《ガッツ》のどこかに、何らかの形でしまってあるのではないか、と。

おなかの中にある魔法

私たちはどうして強さや精神の話に、本来は内臓を意味する「ガッツ（guts）」という言葉を使うのだろうか？　身体の中の、肉眼では見えない隠れた部分を、意志や勇気、決断力と結びつけるのはなぜだろうか？　このテーマをもう少し掘り下げてみれば、内臓と内なる強さとの不思議なつながりの意味がわかってくる。

第一に、シス（sisu）の語源は「sisus」という言葉で、これは「最も内側の部分」や「はらわた」と訳せる。1745年、フィンランドの神学者ダニエル・ユスレニウスは「sisucunda」という語を、人間の体内で、きわめて強いもの（場合によっては暴力的な感情）が発する特定の場所と定義した。[*16] それよりはるか昔、古代ギリシャ人は人の力の源は腸の中にあると主張し、古代ローマの風刺詩人ペルシウスは「人に技を教え、才能を授けるのは腹だ」とうたった。[*17] それでも、何世紀もの思索や研究を経た今も、消化管の働きの全貌は私たちのほとんどにとって謎のままだ。イギリスの公衆衛生学者アントニス・コウソウリスは、「その機能と役割が初めて示された後も、胃液の性質について述べられたあらゆる見解は、今なお議論の余地があるままである」と指摘する。[*18]

腹部はさまざまな文化において強さとパワーが宿る場所とみなされているが、それが人体の中でいちばん柔らかく、傷つきやすい部分であるのは逆説的ではないだろうか？　リサーチを進めてみると、内臓とレジリエンスとの関係は、古代の巻物に載っている寓話《ぐうわ》だけの話ではないことがわかってきた。**最近の消化器学の研究では、腸内細菌はストレスや痛み、情動、他者に対する行動反応を制御する無意識のシステムの一部であることが示唆されている。**[*19] マウスの腸内細菌のバランスを変えることで脳の化学組成に影響を与えるのに成功し、その結果、マウスは大胆さが増して不安が少なくなったとする研究もある。[*20] また、血統の異なるマウスの間で腸内細菌叢《そう》を移植すると、細菌叢とともに行動特性も移転する。移植を受けたマウスはドナー側のマウスの性格特性を受け継ぎ、たとえば、どちらかといえば臆病だったマウスが探索好きになったりする。[*21] ごく最近では、自閉症スペクトラム障害（ＡＳＤ）の子どもに腸内細菌移植療法を実施したところ、行動症状の大幅な改善が見られた。[*22]

生態心理学（ecological psychology。「エコサイコロジー［ecopsychology］」とは区別される）は、ジェームズ・Ｊ・ギブソンとその妻エレノア・ギブソンによる研究にもとづくアプローチで、精神と身体の二分法が長らく用いられてきた主流の心理学の範囲を超える研究領域だ。生態心理学は、私たちが経験を通して世界をどのように知覚し、処理するかを理解する方法として、認知主義と行動主義に代わる手段を提示する。[*23] 実は認知科学の発達を支えてきたのがこのアプローチで、認知科学の領域では比較的最近に、身体を、精神がどのように機能するかを（したがって行動と情動をも）形づくるうえで中心的な役割をもつものとみなす展開があった。このアプローチに連なる研究者の一部は、脳に加えて私たちの身体も、「知覚に誘導されて世界の中を動いていくこと」によって、問題解決能力に大いに寄与しているとの仮説を立てている。[*24]

消化管と脳のつながりについての理解は、19世紀半ばに腸管神経系が発見されたことで大きく深まった。腸管神経系は、その複雑さ、大きさ、中枢神経系との類似性から、「腸内の脳」といわれるだけでなく、脳の原型とも考えられている。[*25] この新しい研究はまだしっかりと確立されてはいないが、心と体のつながりを理解する上で刺激的な考え方を提示している。

心理学者でもある友人が、よちよち歩きの自分の子を指さしてこう言ったことがある。「赤ちゃんがむずかったり泣いたりすると、よく眠れなかったのかな、おなかが空《す》いてるのかな、それともおむつが汚れてるのかなって、すぐにチェックするよね。それって面白くない？　もしそれが大人だったら、セラピーに行きなさいって言うところなのに！」**確かに大人になると、機嫌が悪いのを体の問題とはあまり考えなくなる。**大人は思考と抽象の世界に支配されていて、メンタルヘルスや幸福感に身体が果たす役割はほとんど忘れられてしまう。試練や変革のとき、あるいはトラウマを味わったときに強さを取り戻すための秘訣《ひけつ》は、ひょっとしたら人間の体験の身体的な面にあるのだろうか？　**気持ちが沈んだときは、すぐに呼吸や睡眠、栄養、体の動きをチェックしてみたらどうだろう。**

第8章 有害な「強さ」

あなたの手は開いて閉じ　開いて閉じる。
拳をじっと握るか　指を開いたままにしていたら
麻痺してしまうのだろう。
あなたのもっとも深い存在は
わずかな収縮と拡張のひとつひとつに宿り
美しく均衡し協調するふたつの動きは
鳥の翼のよう。
――ルーミー[*1]
（坪野圭介訳「鳥の翼」／『人生の終わりに学ぶ観想の智恵』より）

私の調査からは、驚くべき事実も浮かび上がった。**シスが強すぎると（あるいは不健全な種類のシスだと）、有害な結果につながることがあるのだ。**たとえば、他者を犠牲にして一つの作業に没頭する、他者の意見を無視する、他者の苦しみに同情しない、信頼や安全、つながりを損なう態度で他者に接するなどの例がある。ということは、シスや意志の強さ、やり抜く力、精神的強さといった資質は、私たちが前へ突き進み、物事を成し遂げる力になるとはいえ、間違いのないものではないということだ。実は、こうした資質の適切なバランスがとれていないと、大事なところで道を誤ったり、自分や他者を傷つけたり、先々にさらに障害を生むことになったりしかねない。

不健全な形で表れるシスは、広く容認されていて、美化されることさえある。**利己的な目標のために家族より仕事を優先する、セルフケアをさぼる、自分ほどハードに仕事をしていないように見える人に厳しく接する、つねに自分の欲求を最優先するといったことは、シスの影の部分が表れた典型的な例だ。**残念なことに、このようなシスは個人の内面的な調和にも、対人的な安心感にも、社会全体の幸せにもきわめて有害だ。絶えず競い合い、何かを手に入れようとする意識は、必ず分断や断絶、非情なふるまいにつながる。『超越：自己実現の新しい科学』（邦訳未刊／原題：*Transcend: The New Science of Self-Actualization*）を著した認知科学者のスコット・バリー・カウフマンは、人間性心理学の立場から、健全な人格は「地位や功績、あるいは幸福よりも、自由、責任、自己認識、意味、コミットメント、個人の成長、成熟、統合、変化の方向へ絶えず進む」と説いている。[*2] 確かにそうだ。いつも利益を上げることを優先したり、ほかのすべてを犠牲にして自分のことばかり考えたりしていると、それが必ず人への接し方や環境への態度に影響する。だからこそ、シスを深く探るなら、自分のシスが自分自身や他者の害になるものではなく、健全なエネルギーであるようにするための努力をともなわなくてはならない。

シーシュポスが知っていたこと

古代ギリシャ神話に登場するシーシュポスは、神々の王ゼウスから罰を受け、重い岩を押して急な斜面を永遠に登りつづけることになった。この作業はいつまでたっても無駄骨だった。山頂に近づくたびに、岩は下まで転がり落ちてしまい、またふもとから押し上げなくてはならなくなるのだ。私たちもそんなふうにマンネリに陥り、無駄骨を折っている気分になることがある。そもそも困った状況に陥る原因になった習慣に気づいていないだけかもしれないが、自分のためにならないとわかっているのに、やっぱり同じことを続けている場合もときどきある。神話のシーシュポスの場合は選択の余地がない状況だったが、それでもこの寓話からは、頑強な意志の力が、同じことの繰り返しや、害や消耗をもたらす行動パターンにつながりかねないということが伝わってくる。

私たちのほとんどは、シーシュポスほど肉体的にきつく希望のない仕事はしていないが、それでもつらい仕事を長時間続けるように期待されていることに変わりはなく、そのために自分の人生の意義や目的はもとより、心身の健康さえも犠牲にしている。**それは単に、それを仕事として要求されるからで、私たちが属するシステムは私たちに絶えず圧力をかけ、そのハムスターの回し車のような止まることのない乗り物に乗りつづけるように仕向ける。**ちょっと後ずさりしたり、休憩したり、自分の状況がどんなにクレージーかを考えてみたりするだけで、すべてを奪われかねない。そうやって私たちに苦行を強いていると見える権力に立ち向かおうとすれば、その苦行そのものよりはるかに多くのエネルギーが必要なのが常だ。

私の調査の結果から、有害なシスには、自分に有害なシス、他者に有害なシス、そして論理的な思考力を妨げるシスの3種類があることがわかった。ここから、この3つをそれぞれ詳しく見ていくことにしよう。あなた自身のシスを、あなたがいま直面している課題との関係から検証するため、この3種類のどれかに覚えがないかを考えてみてほしい。

無理をしつづけるという自分への害

この種類のシスは、絶えず無理をしつづけることで、心身の健康に悪影響が及ぶことに関係する。たとえば、リスクの多い生活を長期間続けたり、限度を超えたリスクを背負ったりすると、事故やケガ、燃え尽き症候群、場合によっては死の危険が高まりかねない。背負いきれないほどの責任を引き受けたり、理屈に合わない犠牲を払ったりすることもあるかもしれない。ある調査回答者は、自分の心身のエネルギーの蓄えについて非現実的な想定をしていると、無謀な行動に走ったり、体が消耗しきったり、しっぺ返しを受けたりしかねないと指摘した。世の中では精神的な強さが美化されがちで、「どんな犠牲を払ってもやり通す」というメンタリティがいまだに幅を利かせているが、ジェントルパワーとしてのシスは私たちに、正直な判断と好奇心と思いやりをもって、役に立たない行動パターンを見なおすように呼びかける。

「自分が瓶の中にいたら、ラベルは見えないよね」と、ある友人に言われたことがある。「自分に有害なシス」についての話のやっかいなところは、私たちは普通、自分が何を知らないかを知らないということだ。だからこそ、自己理解の実践がとても大事になる。私の個人的な経験では、私たちが自分について知らない――少なくとも、よくは知らない――ことはつねに何かしらあるし、自分が判断を下すプロセスも、たいていは自分でもよくわかっていない。自己探求の道もまた、簡単ではない。長年の間、あるいは生まれてからずっと、自分にさえ隠してきたことを探り出すのは、つらい作業になることもある。それでも、そんなふうに正直に自分の心の中をのぞき込むことが、自由を広げ、ジェントルパワーを強化することを目指して進む力になる。

ニュージーランド縦断マラソンの計画を思いついたとき、そうしようと思える理由はたくさん見つかったし、そのおかげで、この途方もない計画が多少は理にかなうものだと思えた。たとえば、博士論文のための調査をする必要があったし、「シス・ノット・サイレンス」のキャンペーンを立ち上げる最高の機会にもなると思った。けれども、まだ答えがわかっていない自分についての疑問があったことも、理由の一つだった。たった一人で来る日も来る日も、道路沿いを過ぎていく景色以外に気をとられるものが何もない状況で、自分の「内なる強さ」の正体をどうしても見つけたかった。つまり、自分一人で自分のシスに向き合う必要があったのだ。

内面的作業と自己認識を通じて、自分の行動パターンを
変えるチャンスはいつでもある。

ニュージーランドでのある朝、道路はいつになく静かだった。焼けつくような日差

しのもと、マメだらけの足とズキズキ痛む足首（腰からふくらはぎにかけての痛みは言わずもがな）を引きずりながら走る私を、道路が息をひそめて見つめているようだった。挫折が近づく予感が漂い、この挑戦に自分自身が追い詰められてしまったことに私は気づいた。自分で計画し、準備してきた挑戦に、自分事として前向きに取り組むどころか、逆に挑戦そのものに支配されていた。もともと、ともすれば陥りがちだった完璧主義と義務感に縛られ、調和やバランスの意識は隅に押しやられて、今にも自分を傷つけそうになっていた。けれど、挫折の後には大きな前進が待っていることも多いものだ。この日も、まさにそうなった。そのとき不意に、私は初めてはっきりと理解した——自分がいつも簡単なことより難しいことを選んできたこと、そして、自分にやさしく接したことがほとんどなかったことを。**逆説的なことだが、私にとって自分にやさしくすることは、たとえばウルトラマラソンを何レースも続けて走るより、はるかに難しいことだったのだ。**

それまでの2年間、私は1日に何十キロでも楽に走れるようにトレーニングを重ねてきていた。準備期間が終わる頃には、普通のマラソンを走るのは充実したウォーミングアップくらいの感覚になっていた。けれども、不可能に近い挑戦に実際に乗り出した今となっては、やがて現実を思い知らされるポイントがやってくることになる。

右足首に痛みが走ることが多くなり、痛みの鋭さも増していた。これからどうするか、その選択肢を頭の中で思いめぐらしていた。やめるか、休むか、それともがまんして走りつづけるか？　最終的な限界がどこにあるかはわからない。そのときもうだめだと思ったからといって、あきらめるのが早すぎたらどうなるだろう？　明日《あした》になれば体調が変わって、結局何ともなかったら？

自分をしっかりと見つめなおし、確かな判断を下すことで、自分の行動パターンを変えるチャンスはいつでもある。私のニュージーランド縦断の挑戦は極端すぎる例に思えるかもしれないが、ほとんどの人は同じような悩みや不安を経験するのではないだろうか。**当たり前で簡単な道よりも、困難な道を無意識に選んでしまうのも、私だけではないはずだ。**今でも私は、しっかり睡眠をとりなさいとか、つらいときには家族や友人に助けを求めなさいという体の無言の訴えに、聞こえないふりをしたくなることがときどきある。オーバーワークになっているときに、締め切りの延長を頼むのをためらうこともあるし、頼み事や提案を受けると、何となく腑《ふ》に落ちなくてもイエスと言いたくなり、もっと自分を大事にしなさいという心の声を無視しそうになることもある。バランスと調和の大切さを忘れてしまうこともときどきあるが、それでも、だんだんと学びつつある。

偉業の達成の裏にある犠牲

ほとんどの人は、極端な人が極端なことをするのを目にするのが大好きで、超人的な偉業の話に大喜びする。そういう話は、人生は退屈で平凡とは限らないと気づかせてくれるし、人間の素晴らしさをあらためて感じさせてくれる。とはいえ、私たちは普通、そういう人たちが偉業を達成するために何を犠牲にしたかや、その犠牲がほかの人にどんな影響を与えたかは考えない。シスは不可能と思えることを達成する助けにもなるが、人生で重要なそのほかのものを見失わせる危険もはらむ。**富や成功、あるいは単なる自己正当化のために、サポートしてくれる配偶者や尊敬のまなざしを向ける子どもたちなど、犠牲にされてきた家族がどれだけいるかを考えてみてほしい。**家族のそばにいることや、心のつながりや愛情よりも、利己的な目標をつねに優先すれば、そういう結果を招きかねない。

私の調査データでは、シスが強すぎる人は無慈悲で冷淡だとか、家族や同僚の都合に合わせようとしないといった懸念を示した回答者がいた。たとえば、ある回答者はこう答えた。「シスのある人は信頼できる人間で、いつも独力で物事を成し遂げようとする。ただし、ほかの人もやる気と意志さえあれば同じようにできると思っているので、特段に頼りになる人物とは限らない」。また、別の回答者は、シスが強すぎる人の目立った特徴として、傲慢さと攻撃性をあげた。そういう人は「弱い者いじめをすることがあり、人に対してひどく批判的。「シスが」強すぎると、人は他人に対して威圧的になり、仲間からの尊敬を失う。シスのある人は、品格と思いやりももち合わせていなければいけない。そこは微妙な違いだ」。

組織においては、こうした有害要素が大きな損害をもたらす場合がある。有害なリーダーシップについていえば、有害な行動パターンはリーダー自身の無能力感に原因がある場合がよくあり、その無能力感を隠すため、有能な印象を与えようとする行動が行きすぎてしまう。**その結果、この誤ったイメージが美化され、正当化されることになる。私たちは超人的な資質を賞賛する傾向がある（「あの人たち、先週は90時間も勤務したんだって。なんて献身的なんだ！」）ため、不健全なシスの兆候をつい見落としてしまうが、その兆候を確実に見つける方法がある。**そういう人たちと接していると、やがて必ずこちらが消耗してしまい、力不足を感じさせられるのだ（もちろん、相手と同じようにスピードと功績への欲求に動かされているなら別だが）。

最近、ある友人が、評価の高い起業家で長距離ランナーでもあった父親の話をしてくれた。この友人は子どもの頃、いい成績をとると父親はいつもほめてくれたが、そうでもなかったときはほとんど気にかけてもらえなかったという。自分の才能や、能力の高さを見せることにばかりとらわれていると、他者の欲求や苦痛を理解するのはおろか、それに気づくことすら難しいことがある。この友人はずっと、自分は人生の合格点に達していない、どうしたって父には認めてもらえないと感じていたそうだ。これが父親の側から見て真実かどうかはわからないが、結果的に彼は、父親とはなるべく口をきかないことにした。それが原因で家族の中にわだかまりが生まれはしたが、彼自身は少しずつ自信が増し、穏やかに過ごせるようになった。

ヘルシンキ大学のイルマリ・マータネンとペンティ・ヘントネンは（心理学者のユリウス・ヴァリアホの支援を受けて）、世界初のシスの自己評価尺度の開発を目指す一連の研究を実施した。この研究では、シスは有害にも有益にもなりうるという知見を立証している。この研究チームは現在、この尺度を実社会で応用できるように、職場環境におけるシスを調査している。その研究報告では、健全なシスと個人の幸福との関連性について説明しているが、不健全なシスと仕事関連のストレスには一定の相関関係があるとも主張している。[*3] **繰り返しになるが、シスは目標達成のための素晴らしい手**

段だが、上手に使うことを学ばなくてはならないということだ。

論理的な思考力を妨げるシス

シスが強すぎると思考が鈍り、当初意図したのとはまったく違う結果につながることがある。論理的な思考が妨げられることはそうした結果の一つで、それが「影のシス」の影響であることは調査結果にはっきりと表れている。このタイプの有害なシスに注目することに意味があるもう一つの理由は、シスが本人やその周囲の人にマイナスの影響をもたらす場合があるのはなぜかを説明するのに役立つからだ。結局のところ、有害なものから健全なものまですべての種類のシスは、私たちの思考の質がその土台なのだ。

私自身、あのときニュージーランドでもう1日だけ長く走っていたら、あの挑戦から多くを学ぶことはできなかったかもしれない。私たちには、ある時点まで来ると——たいていは自覚なく——もう一歩を踏み出そうとする傾向があって、そのせいで後戻りできない領域にまで踏み込み、一歩だけ行きすぎた状況になってしまう。人並み以上の成功に熱狂的に反応する文化においては、あともう一歩進もう、もう一仕事しよう、もう1回トライしよう、不可能と思える目標をもう一つ目指そうとつねに追い立てられる。**限界までがんばりつづけることが染みついている人が、何と多いことか。**

「人間の困ったところは、どうやって始めたらいいかを知らず、どこでやめればいいかも知らないことだ」という言葉を聞いたことがある。このままではいちばん大切なものを失ってしまうとわかっていても、ある特定の方向性に執着しつづけることがあるのは、これが理由だ（「バカと天才は紙一重」という言い方もできる）。愚かなほうのシスが強すぎると、全体像を見失ったり、自分の能力についての判断を誤ったり、助けを求めることをためらったりしがちになる。私の調査の回答者の一人はこんなふうに答えた。「自分の現状をしっかり見つめる必要があるが、過去から学び、行き詰まったときにはクリエイティブに新しい解決策を見つける力も必要だ」。ゼウスの怒りを買い、永遠に巨岩を押し上げることになったシーシュポスとは違って、私たちには、それに慣らされているからというだけの理由で難しいことをしていないかと疑う能力がある。ある成功している起業家が、こう打ち明けてくれたことがある。重要なことを「難しい」と感じなかったり、それを達成するために何かを犠牲にしている気がしなかったりすると、結果としてどんなにうまくできたとしても、どうしても自分の努力を疑ってしまう、と。

健全なシスには、いったん立ち止まって、自分が押し上げている岩をよく見る能力が必要だ。そうするのに慣れているから、前にまったく違う状況でそうすることを選んだから、あるいは、ほかの人が同じことをしているからというだけの理由で、わざわざ困難なことをしている人がどれほどいるだろうか？　シーシュポスが永遠の権威者から罰を与えられたのと同様に、私たちも外部からかけられる期待に応えようとして必死に進んでいるのかもしれない。私たちはみな、時代の趨勢《すうせい》というバブルの中で生きている。もしも別の時代や場所にワープしたり、別の両親のもとで育てられたりすれば、大事なものも、異様に思えるものも、望ましいものも一変するだろう。現在の一般的な議論は、バランスより努力を、やさしさより厳しさを、愛より論理を、存在より成果を重視するほうに傾いている。けれども、プラスの面を見れば、文化というのは集団の中で受け入れられている一連のルールだ。**そのルールは私たち自身がつくったものであって、それはつまり、私たちの手で変えられるということだ。**私たちの現実では、やる気満々だったのに気が変わって、もっと自分を大事にしようとレースを途中でやめたとしても、ギリシャ神話のように死者の国の支配者ハデスが罰を与えようと、煙を吹く二股の槍《やり》を持って待ちかまえているわけではない。それどころか、私のようなシスの研究者がほっと胸をなでおろし、必要なときに自分を大目に見る素晴らしい模範を示してくれたと、感謝しながらうなずいてくれるはずだ。

こうした有害な種類のシスから抜け出す道は、自己認識を通じて物事を明確化していくプロセスだ。自己認識とは、潜在意識や無意識に隠れていたものを取り出して、自分の思考や行動のパターンを明らかにすることだ。そうすることで、確かな情報にもとづいた意思決定ができるようになる。ニュージーランドで自分が変わるきっかけになったあの日に、私がこれまでの人生でずっと、物事は厳しいものだと信じていたことに気づいたのと同じように。それに、これだけがんばっているんだというところを見せなければ、自分の役目をちゃんと果たしていないことになるとも思い込んでいた。でも、それは間違いだった。自分には、違う選択をすることで自分の苦しみを終わらせるパワーがあることに、私は気づいた。けれども、それに気づくためには、まず、そもそも違う選択がありえることに気づく必要があった。

ニュージーランドを走っている間に(そして、それと並行して、内面的な強さを研究するために自分に課した課題に取り組む中で)、ハードなシスで困難を乗り越え、強い決意で突き進むという昔からの行動パターンを崩したとき、そのパターンが、もっとはるかに安定した、ナチュラルで深いものに置き換わったことに私は驚いた。この新しいパワー回路は、知的なものというより、もっと実体のあるものに感じられて、純粋に精神的な意志の強さとはあまり関係がないように思えた。**むしろ、あきらめの気持ちに近かった。**この個人的な発見をきっかけに、私はシスをまったく違う見方でとらえるようになった。ひょっとしたらシスは、今まで思っていた以上に「やさしさ」に関係しているのかもしれない、と。

走るべき道、登るべき山、押し上げるべき岩は、これからもつねにあるだろう。ここで私が言いたいのは、困難から逃げろということではない。難しいことへの挑戦は、成長し、自分を発見する助けになるからだ。**けれども、そうした困難に立ち向かうとき、それほど無理をせず、意固地にならずに、できるところでは現状を受け入れ、柔軟に対応する方法を選ぶことはできる。**自分の強さと弱さの両方を注意深く操る方法を学ぶことは、誰にでもできる。準備さえできていれば、ひらめきの一瞬と、ジェントルパワーの道に踏み出す勇気さえあればいい。そうすれば、人生が変わるはずだ。

第4部

やさしさの性質

第9章

強さを知り、柔らかく生きる

微細なものまで見定めることを明といい、
柔弱さを守っていくことを強という。

――老子[*1]

（蜂屋邦夫訳注『老子』より）

合気道の師匠と稽古をしていたとき、私の体が白い特大のスカーフのように宙を舞った。師匠は慎重になりすぎず、厳しくもなりすぎないようにしながら、私の技量の限界までそっと私を追い込んでいた。むしろ、私が持ちこたえるものと信じてくれていた。愛と思いやりを重視する合気道が、私は昔から大好きだ。稽古の場では、自分の存在全体が相手にもかかっていて、相手との接点にどれくらい圧力をかけるかをつねに正確に意識する。必要最低限の圧力しかかけないということだ。

その微妙な加減が難しい。合気道を始めたばかりの初心者は、持ち手が強くこわばりすぎて動きの流れが妨げられたり、弱く緩すぎて持ち手が切れてしまったりすることが多い。私はマレーシアで出会った師匠から、持ち手は手が相手に触れる前から始まると教わった。「持ち手は相手に触れる前に決まります。自分の意図から生まれるのです。相手の持ち手は、あなたの心の中の持ち手が目に見える形で表れたものにすぎません」。

合気道と同じように、パワーとやさしさ、品格と強さの両方をあわせもった他者との接し方を学ぶことは、生涯をかけた道のりだ。**そして、もっているエネルギーは一人ひとり違うため、自分を徹底的に知り、人生という道場で築くすべてのつながりを、いつでも「あるがまま」に認識していなければならない。**

パワーとフォース（圧力）

エステル（エティ）・ヒレスムはユダヤ系オランダ人の活動家、神秘主義者で、29歳のときにアウシュヴィッツの収容所で殺害された。彼女は日記に、「強いこと（hardy）と厳しいこと（hard）は違う」と書き残している。[*2] シスもそういうものだ。シスにやさしさが加わると、強制的ではない、柔らかく抑制のきいたパリソーになる。ヒレスムの人生は、ジェントルパワーが強制的な圧力を上回った典型的な例だ。ナチスの占領下でユダヤ人の大量虐殺が行われていた時代に、彼女は生きる喜びをもちつづけ、その明晰《めいせき》な知性と共感力そのものがある種の抵抗だった。これほど手ごわい抵抗は、そうあるものではない。ジェントルパワーをもつ人は順応性と受容力があり、辛抱強く、正直だ。仮面をかぶって本当の自分を隠すことはないので、失うものはほとんどない。所有することに興味がない人から盗むことはできないし、愛も痛みも同じように受け入れられる人を傷つけることもできない。そういう人にとって、そのような内なる整合から生まれる心の平安を犠牲にする価値のあるものは何もないのだ。

ヒレスムの日記が『中断された生』という書名で1981年に初めて出版された後、世界中の研究者が彼女の著作に関心を寄せた。イタリアの教育学者アンナ・アルツフィ・ペンティーニは、ヒレスムの言う「強さ」と「厳しさ」の区別を社会福祉専門職の教育の基本的原則として紹介している。[*3] **厳しくなりすぎずに強くあるには、一定レベルの自己認識とある種のスキルが必要だ。**だが、そうしたスキルは教わるどころか、論じられることさえめったにない。この意味でジェントルパワーの模範を示すリーダー――親、友人、同僚、恋人、近所の人など、どのような立場としてであれ――になるには、柔と剛を統合し、調和させる方法を学ばなくてはならない。つまり、持ち手を出す前に自分の意図がどこにあるかを知り、相手に圧力を加えずに、穏やかにパワーを発揮することだ。それは、人間としての豊かな成長を目指すことでもある。

シスの研究に励んでいたある日、私はちょっと休憩して、預かっている子犬が3倍くらい体の大きい別の犬と遊ぶのを眺めていた。かなり騒々しく遊んでいたが、よく見るとどちらも相手にとても気を遣っていて、とくに鋭い歯には注意していた。子どものようにはしゃぎまわるその姿からは、生き物には自分のパワーを自然とコントロールして、信頼、思いやり、尊重というルールに従う能力があることも見て取れた。

こういう瞬間に出合うことは誰にでもある。やさしさを弱さととらえる感覚が染みついているとしても、ジェントルパワーの例は私たちの周囲にあふれている。水は長い時をかけて硬いものを削っていくし、静かな風格をたたえる力強い木々は、その屈強な根に真の強さが隠れている。獰猛《どうもう》な動物でも子どもをやさしく育てるし、私たちの親やパートナー、子どもたちも、そんなやさしい強さを見せてくれることがある。

ジェントルパワーは、「品格ある強さ」でもあると私は考えている。それは、固い意志や不屈の強さがさらに洗練されたものだ。**ジェントルパワーは、勝利や成功、地位といった価値観から、幸せ、成熟、人としての成長へと私たちの針路を変える。**そのパワーは単なる粘り強さやシスや「やり抜く力」ではなく、そうした資質が何のためにあるかをつねに意識するように私たちをうながす。私が思うジェントルパワーには、押しつけがましさのない強靭さがある。おなかの底に、柔らかいけれどもウズウズする感覚が残るような感じだ。それは抑えきれない夢のように、もっとやさしい素敵なものがきっと待っているからと、前に進む勇気を与えてくれる。ジェントルパワーは掌握することも、無理強いも要求も、偽ることもしない。むしろ、表現し、主張し、抜きん出るのだ。

精神科医のデヴィッド・ホーキンズは、「パワーは生きる力とエネルギーを与え、フォースはそれを奪い去る」と指摘する。[*4] **パワーとは私たちの内部にある力であるのに対して、フォース（＝圧力）とは他者に対してかける力をいう。**フォースは分断や断絶を生み出すのに対して、パワーは他者を結び合わせ、育て、寄り添い、そして文字どおり力を与える。パワーは動じず、自信に満ちているが、フォースは威圧的で、たいていは反撃や抵抗を招く。多くの人はフォースをパワーと取り違えがちだが、それは、私たちが周囲の世界から、フォースは強さに等しいというメッセージを絶えず受け取っているからだ。

私たちは誠実さ、思いやり、そしてシステム知性（この後、第5部で詳しく解説する）

の能力を培い、自分の行動、思考、信念が及ぼすさまざまな長期的な影響について考えることで、自分のパワーを磨くことができる。私たちのあらゆる行為は結果として少なからぬ影響を及ぼし、ときにはその影響が何年も、何十年も残ることがあるのだ。このパワーを磨く道のりは、人によってそれぞれ違う。人生のある時期は「強さ」のほうに重点を置き、また別の時期には「やさしさ」のほうを見なおすというように、時によってジェントルパワーの正反対の側面にそれぞれに取り組むことが必要な場合もある。

ある時点でどちらの側に取り組んでいたとしても、ジェントルパワーには調和と、程よい「持ち手」が必要だ。第4章で紹介したコント＝スポンヴィルの言葉を繰り返すと、「恐れるべきものを前にして発揮されるやさしさなどやさしさではない」。**不安や恐怖から起こす行動は、だいたいは自分を守ろうとしているか、考えや欲求、あるいは人を何らかの形で掌握しつづけようとしているかのどちらかだ。**恐怖の反対は勇気でも愛でもなく、「手放すこと」だ。ジェントルパワーを操るリーダーとしての仕事の多くには、手放すこと、目の前の状況や相手をありのままに受け入れること、そして自分が発揮するパワーが周囲に対するフォース＝圧力にならないようにすることが求められる。

「あるがままを知る」

私はもう人生の半分近く、東洋の哲学や風習に関心を引かれていて、世界各地の何人もの師匠のもとでさまざまな武道を学んできた。シスとジェントルパワーに関して学んだとくに大事な教訓の一つは、武道と「陰」の気の使い方に関係がある。それは、最も強力な打撃は柔軟でしなやかな身体から繰り出されるということだ。どんなときでも、しなやかさと脱力は堅さと緊張に勝るのだ。

ジェントルパワーは、中国の老荘思想に通じるところがある。老荘思想では、柔と剛、抵抗と服従、熱さと冷たさ、騒がしさと静けさ、知性と直感といった相反するものどうしが両立し、調和したときに、物事はいちばんうまくいくと考えられている。この調和が高度で完璧なレベルで生じた場合のことを、「あるがままを知る」、あるいは「苦滅（苦しみがなくなる）」と表現することもある。**この「あるがままを知る」という言葉は、東洋的な意味での「悟り」と同じではないが、西洋の言葉でいえば、至高体験、フロー、自己実現などといわれる高揚した心理状態と共通するかもしれない。**私の経験では、この柔と剛、つまり「陰」と「陽」の調和のとれた融合は、自分のパワー（無力感、権力の乱用という望ましくない表れ方の両極も含めて）とやさしさ（境界線の喪失や従順さといったマイナス面も含めて）を知り、その2つを調和させることによって実践できる。

愛のないパワーは無謀で暴力的、パワーのない愛は感傷的で無力だ。

――マーティン・ルーサー・キング・ジュニア牧師

合気道は、「翁《おう》先生」と呼ばれる創始者の植芝盛平《もりへい》が、この陰陽の気を融合させることで真の平和を体現し、分かち合う道として生み出した。[*5] ほかの武道も、とくに老荘思想の影響を受けているものは、同じような理念を掲げている。老子は次のような言葉を残している。

人は生きている時は柔らかくてしなやかであるが、死んだ時は堅くてこわばっている。草や木など一切のものは生きている時は柔らかくてみずみずしいが、死んだ時は枯れて堅くなる。だから、堅くてこわばっているものは死のなかま、柔らかくてしなやかなものは生のなかま。そういうわけで、武器は堅ければ相手に勝てず、木は堅ければ伐《き》られて使われる。強くて大きなものは下位になり、柔らかくてしなやかなものは上位になる[*6]（蜂屋訳注『老子』より）。

これと同じアプローチを現代の組織や企業の世界に当てはめれば、優先順位が根本的に変わるだろう。つまり、利益や非情な戦略よりも、美徳や人格の醸成が重視されるようになるはずだ。**人間らしくあることを第一に考え、企業人（あるいは資本主義的企業人）らしさは後回しになる。**ビジネス界ではパワーが話題に上るとき、どうやってさらにパワーを獲得するかが問題になるのが普通だ。パワーは自己中心的な目標達成のための手段の一つとしかとらえられていないのだ。

リーダーならば、パワーがいかに私たちをもっと賢明で、バランスがとれ、満たされ、思いやりをもつ方向へうながしてくれるか、そしてそれはどんな種類のパワーかを考えたほうがいい。アメリカの公民権運動を率いたマーティン・ルーサー・キング・ジュニア牧師が残した有名な言葉のとおり、「愛のないパワーは無謀で暴力的であり、パワーのない愛は感傷的で無力だ。パワーの最善の形は、愛なのである」[*7]。人格が学び培うことができるスキルだとすれば、おそらく愛もそうだろう。愛とは、私たちがもっと欲しいと願うだけの抽象的でとらえどころのないものではなく、武道家が技と形《かた》を磨いて熟練への道を歩むのと同じように、練習で身につけられる具体的で形あるものなのかもしれない。

第5章で紹介した心理学者のバーバラ・フレドリクソンは、愛についてさらに深い見方をしている。「安全で親密な人間関係において感じられる」愛は、自分と相手の新しい面が次々と明らかになって、新たな興味が繰り返し湧いてくる状態だという[*8]。**別の言い方をすれば、愛とは時間をかけて育っていく献身的な実践だということだ。**翁先生の教えにも、「『さむらい』という言葉の本当の意味は、愛の道に仕え、忠実に従う者ということ」であり、合気道の目的は人類という家族を築き、和合させることだという言葉がある[*9]。作家のダニエレ・ボレッリは侍と武士道についての著作の中で、「武士がバランスを失うと、強さが堅さに変わり、武士道は牢獄《ろうごく》に変わる」と指摘する[*10]。調和と愛の大切さを説く老子の思想と同じように、ジェントルパワーも、他者に対して、そして自分自身に対しても、愛と思いやりと許しを形に表すことができるかどうかの問題だ。「究極的には、たった一つの倫理的義務があるだけだ。つまり、自分自身の内部に広い平和の領域を築き上げ、ますます多くの平和を手に入れてそれを他の人々に反映させること。そして、私たちの心に多くの平和があればあるほど、私たちの悩める世界にもそれだけ多くの平和が生まれてくる」（大社淑子訳『エロスと神と収容所：エティの日記』より）。エティ・ヒレスムはナチス占領下のアムステルダムと、その後は強制収容所で、1941年から1942年10月まで書きつづけた日記の中でそう結論づけている。*11

シス、ジェントルパワー、そしてそれに続く道

シスを中心に置くジェントルパワーの原則は、あらゆる人に当てはまる。**なぜならその原則は、人生の難局のさなかにバランスと調和を見つけられるかどうかに関係するからだ。**シスには、誠実さと人格を備えた精神的強さというフィンランド独自の文化的な含意があり、スウェーデンの「ラーゴム」やデンマークの「ヒュッゲ」といった、北欧のライフスタイルに関するいま話題の概念とも呼応する。また、ジェントルパワーの枠組みを通して見れば、シスは老荘思想の陰と陽、さらにはビジネス界における「ソフトスキル」と「ハードスキル」にまつわる議論ともつながる。バランスの

とれたシスは、ある種の武道家が追い求める内面的な強さにも通じる。シスがやさしさのもつしなやかな強さによって程よく調整されたときに初めて、私たちは内なるパワーとのつながりを完全に確立することができる。さらに、シスは自分らしく生き、やるべきことをするためのよりよい方法を探す私たちの努力を後押ししてくれるという意味で、ジェントルパワーに欠かせないものだ。そして、その次の段階では、やさしさの本質にある強さと、対人関係から社会制度全体にいたるまでのあらゆるコミュニケーションでやさしさが果たす役割の重要性を認識する形で、やさしさを重視することが求められると私は思う。強さについての議論を、すでにわかっている「何をなすべきか」という問題の先まで掘り下げ、なすべきことを「どのように行うか」をもっと深く、率直に見つめるべきときが来ている。私たちがバランスと調和のとれたシスをもって物事を行うとき、そこには品格と思いやり、そして奮い起こせるかぎりの動じない心と勇気がともなう。不屈の決意にやさしさと個人としての責任が合わさったときに、本物のパワーが生まれる。**それは、いわば抑制のきいた強さだ。**この種のパワーが、リーダーシップの未来を形づくるものになるだろう。なぜなら、私たちは今までにほかのものはほぼすべて試してきたが、どれもうまくいかなかったからだ。今こそ、ジェントルパワーを道しるべの北極星にしようではないか。

第10章

自尊心の扱い方

外を見る者は夢を見、内を見る者は目覚める。

――カール・ユング[*1]

自尊心とは、要するに自分を尊重し、自分の価値を認めることだ。自尊心があれば、他者との境界線を定めてそれを守ることができ、自分のことを愛され、尊厳を与えられるに値する人間とみなすこともできる。したがって自尊心は、他者と接するあらゆる場で作用する。自尊心のある人は健全な自立心をもっているので、自尊心は自己を進化させるための最も重要な手段だ。**つまり、自尊心があれば、他者にどう思われるかにばかり左右されることなく、長い目で見ればそこに関わる誰にとってもいいことはない心理的な「もつれ」よりも、公平な人間関係を選びとることができる。**

私ももしもっと早い時期に自分の価値に気づいていれば、パートナーがしていることは虐待だと知らせる危険信号にもっと注意を向けていただろう。その危険信号に適当な理由をつけて見ないふりをし、彼の癒しのためと称して関係を長引かせることはなかったはずだ。それに、自分の価値がわかっていれば、荷が重すぎると感じて断った仕事を受けていたかもしれないし、自分の他者との境界線は揺らがないと確信をもてただろうから、安全でお互いのためになる人間関係にもっと気負わずに向き合えたかもしれない。

フィンランド語で自尊心に最も近い言葉は「omanarvontunto」という。この言葉もシスと同じように、ほかの言語に同じ意味の単語はない。語尾の「tunto」は「感じ、認める」という意味なので、フィンランド語の自尊心にはその根幹に「自己認識」の意味合いがあり、古代ギリシャの哲学者が大切にした「汝《なんじ》自身を知れ」という警句に通じるものがある。

人当たりのよさと本当の思いやりの違い

親切や思いやり、柔らかさ、弱さについての矛盾するメッセージが混在する世界では、どこで一線を引いて他者との境界線を守るかの判断が難しいことがある。コミュニティを築き、絆《きずな》をつくるには、お互いに助け合い、ときに犠牲を払うことを求められる。**境界線を引き、自分の欲求を表に出すと、決まって反発を受けるかもしれないが、それをいっさいしないと、主体性が危うくなり、自分の方向性を失う危険がある。**その上、他者との境界線の引き方を初めて学ぼうとしているときは、妥協なく厳しくする方向へ行きすぎて失敗しやすい。前にあげた合気道の例のように、そのときの相手や状況に合わせて持ち手の強さを調整できるようになるには、十分に訓練を積む必要がある。

強さとしなやかさの適切なバランスを見つけることは、私の人生最大のチャレンジの一つだった。結果的には、バランスを何より優先すると（それも立派な目標ではあるが）、絶えず綱渡りをしていて、いつ落ちてもおかしくないような気分になることに気づいた。とにかくプレッシャーが強すぎたのだ。それに気づいて以来、私はむしろ調和を大切にするようになった。そのほうがもっと楽に、失敗を恐れずにその時々の状況に溶け込むことができる。

品格をもって周囲と調和しながら境界線を主張することは、練習を重ねることで、しだいに身体が覚え、気負わず自然にできるようになる。車の運転を習うのと同じで、最初のうちはぎこちなくてブレーキを急に踏み込んだりしてしまうが、何度も繰り返して練習することで、微妙な動きを身体に染み込ませていく。もし上手な境界線の引き方を身につけるにはしばらく時間がかかることが広く理解されていれば、私たちもその過程をもっとおおらかな気持ちで思いやりをもって楽しめたはずだ。きっと境界線の引き方の練習も、自動車学校みたいに義務化されていただろう！

第1章と第4章で、「内的権威」の概念を教えてくれたリック・スミスを紹介した。**念のために繰り返しておくと、内的権威とは、不快に感じるものに対して、それにともなうネガティブな感情から目を背けずに、その責任を受け入れることを意味する。**リックは「オーセンティック・リレーティング」のシニアトレーナーを務めるほか、リーダーシップに関する2冊の著書がある。また、10年以上前から、「目覚めのリーダーシップ」についての独自のワークショップや合宿セミナーを主催している。

私はバリ島西岸の小さな町で、リックとランチミーティングをした。このとき私は、以前、ある友人との間で境界線を主張できずに困った経験を話した。健全な人間関係では、お互いのバランスを考えなおすように頼んだり、優先順位を変えたと伝えたりすることは、だいたい単刀直入にできる。けれど私がリックに話した事例では、不幸にも私が頼んだことがものすごい反発を呼び、こちらが罪悪感を抱くようなことを言われたり、心理操作を受けたりした。つらい思いをしたが、貴重な経験でもあった。自分の自尊心に関して抱えていた傷に向き合うきっかけになったからだ。その傷は、どんな状況だろうと愛情深く思いやりのある人に見られたいという欲求に関係していた。この傷があったために、私ははっきり「ノー」と言うことがなかなかできず、結果的に自分の限界以上に無理をしてしまっていた。そのせいで、友人から感情的な言葉をぶつけられただけでなく、必要以上に状況をこじらせることにもなった。

私は、無害な人間だという印象を与え、お返しに相手からもやさしく接してもらえるようにするための行動戦略をとっていた。でも残念なことに、そうすることで私は自分の境界線と自尊心を忘れ、想定される相手のニーズに応じることでしか安心感を得られない人格が形成されていた。ただ、誤解しないでほしい。私たちが友好的で愛情深くあることが、世界で必要とされているのは確かだ。**けれども、それが絶対の優先事項になったり、自尊心を犠牲にしてでもそうしなければならなくなったりすると、実は問題になる。**そうなれば私たちは他者から標的にされるだけでなく、自分を偽って生きることになりかねない。その上、不健全な行動パターンを持続させ、結果的にすべての人に苦しみや不幸をもたらすことになる。

「思いやりがあることと人当たりがいいことには、大きな違いがあるんですよ」と、リックは言った。「人当たりがいい」とは、人に気に入られるように行動することであって、相手が望んでいると自分が思うことだけを気にして、それに忠実に応じることで、自分が望むものを相手から得ようとすることだとリックは説明した。その根底にあるのは不安だ。これに対して「思いやりがある」行動では、その状況で本当に必要なことを大事にする。この2つを区別するのは難しいことがあるという。リックはさらに説明を続けた。私たちは人当たりよくしようとするとき、自分のパワーを相手に譲りわたしている。相手が認めてくれないかもしれないと思うと、そうするしかなくなるのだ。**一方、思いやりをもって人に接するときは、自分にパワーを与えている。人にどう思われるかを成功の基準にしていないからだ。**リックは「テンダーエッジ」（柔らかな境目）という概念についても話してくれた。これは「安全」と「危険」の間にある、繊細で、たいていはあまり居心地のよくない領域のことで、この場所から自分が安心できる範囲が広がっていき、成長が起きる。それは、自分に誠実であろうとしたために誰かを落胆させる気まずさに立ち向かう場所でもある。リックの表現を借りれば、「安全と危険の間で脈打つ」弱さを思い知る瞬間だ。

このときリックに打ち明けた経験をしたとき、私はすっかり打ちのめされた。それ以前にも近しい人から暴力的な虐待を受けた経験があった私には、人に反論するなんてほとんど考えられないことだった。痛みを感じずにすむように、妥協して自分の欲求を抑え込むほうを決まって選んだ。その上、虐待のトラウマを経験していたせいで、何であれ、誰かに嫌な思いをさせるかもしれないと思うと、怖くてできなかった。そういうことをすべて受け入れ、心理的な緊張や痛みにも向き合おうと思えるようになるまでには、長い長い時間がかかった。

がっかりさせる勇気

カナダ人のオーリア・マウンテン・ドリーマーの詩に、こんな一節がある。「私が知りたいのは、あなたが人を落胆させてでも自分に誠実でいられるかどうか、人から裏切り者と責められても自分の魂を裏切らずにいられるか、不誠実になれるがゆえに信頼できる人であるかどうかだ」[*2]。この一節は以前、私が長年付き合った人と別れたことに感じていた罪悪感を整理するのに役立った。この別れは、自分のこれまでの経験の中でもとくにつらかったことの一つだ。それでもやがて、私は心の痛みや疑いの気持ちを乗り越えることができ、結果的には、新しい道がお互いにとって成長につながった。もしあのまま一緒にいたら、おそらく2人ともそんなふうに成長することはなかっただろう。2年後にはその別れた彼が、きみが物事をありのままに見て、勇気をもって正直に言ってくれたおかげだと感謝してくれた。

正直であることは、自分自身に対してであれ他者に対してであれ、たいていの場合は何より難しいことだ。正直になることには、未知の領域にビクビクしながら飛び込んでいくような感じがある。無茶をしていると思えても、どこかに方法があると信じて、そのまま落ちていくしかない。私も正直になろうとするたびに、今までにそうしてよかったと思えたことがどれほどあったか、そして、リスクを負ってでも、できるかぎりの愛を込めて明確に伝えることには間違いなく価値があることを、自分に言い聞かせなくてはならない。

正直であることに思いやりがともなえば、
おのずと親密さが深まる。

組織の環境では、誰かを落胆させてしまったという気まずい感情に耐えられなければば、行動の指針が揺らぎ、内的権威を失い、組織全体の利益のために十分な情報にもとづく意思決定ができる人だという信頼を得られない。けれども、ジェントルパワーを目指す道を全力で進んでいれば、自分自身のどの部分が、全体の利益を損なってでも一時的な安心感を得よう（あるいは承認欲求を満たそう）としているかを見つけることができる。アメリカ建国の父の一人、ベンジャミン・フランクリンは３００年近く前に、「１オンスの予防は１ポンドの治療に値する」という金言を残した。私たちもいつでもオープンな気持ちで、仕事から家庭生活まですべての経験から学ぶことを選べば、リーダーシップに求められる判断力と洞察力を磨き、やがて、お互いのためになるしっかりとしたものを基礎から築く確かな能力が身につく。

私はこれまでのほとんどの人間関係で、現状を考えなおしたいと訴え、妥協点を見出すことで、結果として相手との親密さを深めることができた。あなたにもほとんどの場合は、おそらく同じことが当てはまるだろう。**健全な人間関係では、正直であることに思いやりがともなえば、おのずと親密さが深まる。**関わるすべての人が、不安やプライドから隠し事をする代わりに、もう一歩踏み出して、尊厳と勇気をもって本当の経験を打ち明けるようになる。そして、ある人間関係をうまく別の形の関係に変えるために、そういうレベルの正直さが必要になることもある。たとえば、恋愛関係を親しい友人関係に、あるいは、いつも一緒に仕事をしてきた相手を、ときどき協力し合うパートナーに変えるといった場合だ。何が起きても、それを人生の自然な一部として前向きに受け入れよう。少なくとも、変化は避けられないものだということ、**そして、自分がすべてを（とくに人については）掌握できていなくてもかまわないということを受け入れるかぎり、正直で率直であれば、自分と他者を尊重することができる。**私たちは一人ひとり、自分の道を進まなくてはならない。そして自尊心とは、それがどこへ続いていようと、その道筋をたどっていくことだ。

第11章
社会が必要とする「やさしさ」

われわれは考えるばかりで、感じなくなっている。
必要なのは機械よりも人間性だ。
巧妙さよりも、思いやりとやさしさが必要だ。
こうした資質がなければ暴力がはびこり、
すべてが失われるだろう。

――チャールズ・チャップリン[*1]

現在は「デジタル革命」と名づけられた歴史的に重要な時期で、多くの人はこれを「情報時代」の始まりととらえている。何より特徴的なのは、急速な技術の進歩と、それにともなう人間どうしのコミュニケーションのしかたの変化、そして環境、金融、政治の領域における差し迫った危機に対する懸念の高まりだ。**こういう激動の時代は怖くなったり混乱したりもしがちだが、根本的な変化への転換点でもある。**新たな視点と解決策を探すためには、現状維持のぬるま湯から抜け出すきっかけが必要なこともある。

善意を伝染させるには

ペンシルベニア大学の講堂で応用ポジティブ心理学修士課程の年次サミットが開かれ、修士課程の学生と卒業生が一堂に集まった会場で、ニコラス・クリスタキス教授が壇上に上がった。クリスタキス教授は、私がとくに興味を引かれていた基調講演者の一人だった。イェール大学の社会・自然科学の特別教授で、同大ヒューマン・ネイチャー・ラボの所長も務めている。専門分野は、人間の行動、健康、寿命の社会経済的、生物社会学的、進化的決定要因についての研究だ。クリスタキス教授はカリフォルニア大学サンディエゴ校のジェイムズ・ファウラーとともに、幸せは人から人へ広がるのか、社会的ネットワーク内に幸せが集中する領域が形成されることはあるのかについての研究を始めた。年次サミットの日、教授は「伝染理論」について講演することになっていた。

伝染理論とは、ウイルスが感染や汚染を通じて広がるのと同じように、人間の感情や認識の中にも人から人へ伝播《でんぱ》するものがあるという考え方だ。[*2] **うつや依存といった類のものが社会的ネットワークを通じて広がるというのは、感覚的にわかる気がする**

が、驚いたことに、ポジティブな感情（たとえば幸福感など）もまったく同じように伝染するという。私にとってこれは画期的な発見で、親しい人もそうでない人も含めて、周囲の人のためになるような健全な態度を養いたいという思いがさらに強くなった。

私たちが生活の中で意識的にジェントルパワーを上手に発揮することで、それが周囲にも広がっていく。

同じ年の後半、私はカレン・ライビッチ博士の講義に出席した。ライビッチ博士は強い意志を感じさせるエネルギッシュな研究員で、ご自身のレジリエンスについての中身の濃い研究について講義してくださった。博士は学生たちに、子どもの頃にちゃんと見てくれている、気にかけてくれていると感じたのはどんなときかとたずねた。ほとんどの学生が手をあげ、何人かが発表した。私は、生まれ育った小さな町セイナヨキで小学校1年生のときの担任だったマイヤ・オクサラ先生のことを話した。愛情に満ちた茶色の瞳に、いつも温かい笑みを浮かべた思いやりにあふれる先生だった。先生のことを思い出すだけで、30年以上たった今でも心が温かくなる。私はほかの学生の発表を聞きながら、みんなの話の性質がそれぞれ違うことに否応《いやおう》なく気づかされた。字の読み方を教えてくれた先生、時間のないシングルマザーの母親の代わりに自転車の乗り方を教えてくれた近所の人、通りの向こうから微笑みかけてくれた見知らぬ人。**こうした経験はどれも、その人にとっていつまでも残るポジティブな思い出になっていたが、私の印象に残ったのは、そういう出来事がいかにランダムかということだ。**どれも体系的というより、偶発的なものだった。

みんなの話を聞いて、私はクリスタキス教授の基調講演を思い出した。そして、こういう出来事や行為がもっと確実に、日常的に起きるようにするにはどうすればいいだろうと考えはじめた。励ましや思いやりに偶然出合うのも素敵なことだが、もっと多くの職場や家庭生活、社会的領域が、たくさんの善意が伝染するように考えて構築されていたらどうなるだろう？　そこで私は、日々の小さな行いを通して社会に道徳的なシステムを構築するためのオンラインの取り組みを実験的に始めてみたが、大した成果はあがらなかった。それでも、それから10年後に本書を執筆している今も、そういうことはできると確信している。一人ひとりの小さな努力を通して、ジェントルパワーに導かれるリーダーシップの場を構築し、それを広げることで、幸せと善意を基盤とした社会を築くことは可能だ。それができれば、個人のレベルでは自己実現、幸福感、創造性が高まり、世界レベルではよりよい意思決定や政策立案が可能になり、公平性が高まる。私たちが生活の中で意識的にジェントルパワーを上手に発揮することで、それが周囲にも広がっていくのが理想だ。

シスとジェントルパワーは、一人ひとりの中に息づく資質であるだけではない。**条件さえ整えば、人と人とのやりとりの多次元的なフィールドの中で生まれ、進化し、広がっていく。**本書の前半で述べたように、エイミー・エドモンドソンのいう「心理的安全性」、バーバラ・フレドリクソンの「ポジティブな感情」、ジェーン・ダットンの「質の高いつながり」がもたらすメリットは明らかで、クリスタキスとファウラーの研究はさらに、こうしたポジティブな要素を利用して、そのメリットをもっと大きな規模で生み出すことができると示している。心理的安全性と幸せの風土をつくり出すことは、私たち一人ひとりのためになるだけではない。それは、社会全体の進化に必要なことなのだ。

奇跡の特効薬はない

数年前、私はほかの2人の共同創業者と一緒にシリコンバレーで仕事をしていた。

目指したのは、発展途上国の人々が自分の知識を収入に結びつけられるように支援するアプリの開発だ。大手市場調査会社が求職者と研究機関をつなげることで多額の利益を上げる一方で、求職者の側にはごくわずかな報酬しかないという現状がある。私たちの事業は、技術系起業家のピーター・ディアマンディスと、グーグルで未来技術開発の先頭に立つレイ・カーツワイルが創設したシンギュラリティ大学の「グローバル・ソリューション・プログラム」から生まれた。ディアマンディスとカーツワイルは、「指数関数的技術」といわれる飛躍的に発展する技術は、営利目的だけでなく、気候変動や世界規模の疾患、飢餓、貧困など、人類の大きな課題の解決にも利用すべきだという考え方を提唱している。2人によれば、指数関数的技術は知識、機会、リソースを民主化する可能性をもたらし、地球規模ですべての人を支援できる方法を提示するという。

私がこうしたことを知ったのは、シンギュラリティ大学のグローバル・ソリューション・プログラムに約80人の同期生と一緒に参加したときのことだ。明るい照明が照らす講義室には、社会起業家や医師、ロケット科学者、社会イノベーター、未来学者、コンピュータ科学者などが集まっていた。みんなとても集中していて、頭がよさそうで、それに私と同じように自意識が強そうに見えた。そして誰もが、究極の目標である「指数関数的技術」を駆使して「世界をよりよい場所にしたい」と大真面目に考えていた。指数関数的技術とは、集積回路上のトランジスタ数は2年ごとに倍になり、それによってコンピュータの処理速度もおよそ2年ごとに倍になるとする「ムーアの法則」に従う現代のテクノロジーの総称だ。何千人もの志願者の中から選ばれ、その日の講義室にいた私たちは全員、指数関数的技術を活用して人類の壮大な課題に取り組み、数年の間に少なくとも100万人の生活にポジティブな影響を与えたいと意気込んでいた。

ほぼ2カ月のプログラム期間中、私たちはカリフォルニア州マウンテンビューにあるNASA(アメリカ航空宇宙局)エイムズ研究センター内のNASA研究パークで、宇宙飛行士訓練生も宿泊する寮で寝食をともにしながら(ほとんどの受講者は十分な睡眠時間がとれなかったようだが)、講義を受け、研究に励んだ。最初の2週間ほどは、社会起業家、科学者、大学教授、発明家、宇宙飛行士など一流の講師陣が、人工知能(AI)、ナノ生物学、宇宙技術、機械学習、医療の未来、サイバー脅威など、さまざまなテーマで講演した。講師陣はみな、人類が今直面しているとくに重要な問題について同じ見解をもっていたが、技術が最も影響力の大きい解決策を提示できる分野についての見方も共通していた。私は、その年に選抜されたわずか数人の人文分野の研究者の一人だった。**選抜の決め手になったのは、パートナーによる暴力を克服したサバイバーが癒しを見つけ、人生への信頼を取り戻す一歩を踏み出すのを支援するためのバーチャルリアリティ（VR：仮想現実）の活用に関するアイデアだった。**世界で年間何億人もがこうした暴力に苦しんでいることは悲劇だし、それには波及効果もある。結果として残るトラウマが、労働市場や保健医療、コミュニティ全体にも及ぶ広い範囲に長期的な影響を与えることになるのだ。

グローバル・ソリューション・プログラムで気づいたことはもう一つある。指数関数的技術は結局のところ、それだけでは「究極の目標」といえるほどのものではないかもしれないということだ。有望なことは確かでも、こうした技術を応用したものの中には、成果があいまいなものや、むしろ明らかに有害な結果をともなうものもある。たとえばヒトゲノムの操作や、少数のエリート層が大衆に対して権力を振るいやすくするものなどだ。2カ月のプログラム期間を終え、シンギュラリティ大学を後にした私のスーツケースには、人類が直面する暗い現状にどうアプローチするか、どうすればテクノロジーを利用してそれを解決できるかについてのアイデアや計画、図表やグラフをびっしり書き込んだノートが詰まっていた。

このプログラムの受講中に、いろいろなテクノロジーや野心的なアイデアに大いに刺激をもらったが、中でもずっと記憶に残っている教訓が一つある。**私はそれ以前から自分の研究の中でそうではないかと考えていたのだが、私たちの人間として最大の潜在力は、人格のありようなのだ。ただ、それは私たちの最大の欠点でもある。**プログラムの中でこの教訓を見事に浮かび上がらせてくれたのが、ミシガン大学情報学部W・K・ケロッグ記念教授の外山《とやま》健太郎だった。コンピュータ科学者の外山教授は起業家でもあり、著書『テクノロジーは貧困を救わない』（松本裕訳、みすず書房）はベストセラーになっている。外山教授が講義で語ったメッセージは率直で、ハッとさせられるものだった。テクノロジーは奇跡の特効薬ではなく、何であれ、すでにある潜在的な力を増幅させるだけだという。

それから6年後、本書のために外山教授に話を聞く機会をいただいたとき、教授はジェントルパワーの概念に興味を示された。人類の未来についてうかがうと、今でも全体としては楽観視しているし、私たちが恵まれている最大のチャンスは、人類には今でも計り知れない成長の可能性があることだと思うと話してくださった。「絶えず成長を追求しているわけではなくても、私たちの中にある何かが成長を望んでいる。長い目で見ればそのことが、人類が何を成し遂げられるかということに関して、何よりも有望な点だと思います」[*3]。

私は外山教授の話を聞いて、誰もが自分の中にパワーと潜在能力をもっていて、それを活用して何か役に立つもの、美しいものを世界にもたらすことができるかどうかは自分しだいなのだとあらためて感じた。また、テクノロジーもシスと同じように、もともと私たちの中にあるものを増幅させるだけだということにも気づいた。シスとテクノロジーはどちらも、さまざまな方法で使うことができるツールであって、使った結果は、それを使おうとする意識によって違ってくる。**たとえば、ＶＲは心的外傷後ストレス障害（ＰＴＳＤ）の治療や人としての成長の支援に利用することもできるし、逆にポルノや暴力的なシミュレーションゲームに組み込んで、暴力や虐待や抑圧の仕組みを持続させるのに利用することもできる。**どんな種類の種をまくかも大事だが、その種をまく土壌の質もまた大事なのだ。

シンディ・メイソンはスタンフォード大学コンピュータ科学部の研究員で、ポジティブな感情や思いやり、ヒューマンエンパワーメント（人間の能力向上）の機能をもつ高度ＡＩシステムの設計とプログラミングに取り組んでいる。その取り組みの一つに、孤独を感じている人の支援を目的としたプロジェクトがある。メイソンは、顔の表情などの非言語コミュニケーションを認識して人間の意図を読み取るようにＡＩを訓練する方法も教えてくれた。ＡＩを身体的な被害だけでなく、心理的、社会的、金銭的な被害も防止できるところまでもっていき、人間が互いに及ぼし合う暴力や虐待を減らすのに役立つようにしたいとメイソンは願っている。将来的に、ＡＩはすべての人に影響を及ぼすようになるため、少数民族や弱者層、これまで声を上げられなかった人々や、権力側や有利な側から耳を傾けてもらえなかった人々も含めて、社会のすべての成員に開かれる必要があるというのがメイソンの見解だ。「平等、多様性、公正性がなければ、協力を促進するようなやさしさや思いやりをもつことは難しい。そうした面でＡＩに支援してもらえることを期待しています」[*4]。

それにふさわしい人の手で、ふさわしい形で活用されたテクノロジーはとてつもなく大きな助けになりうるが、ただあらゆるものにＡＩを組み込んで、私たちの抱える問題が消えるのを期待することはできない。外山教授が指摘するように、問題が消えるどころか、まったく逆の結果になる可能性もある。ともに社会起業家のジェレミー・ハイマンズとヘンリー・ティムズの著書『ＮＥＷ ＰＯＷＥＲ これからの世界の「新しい力」を手に入れろ』（神崎朗子訳、ダイヤモンド社）も、リーダーシップはつねにそれを行使する人の表現であり延長であることに注意を呼びかけている。たとえ公正な種類のパワーでも、間違った人の手にわたれば有害な目的で行使されかねない。[*5]だから、ジェントルパワーを使いこなす訓練を積み、それを積極的に使うことが期待されるリーダーがいるほうが、誰にとっても望ましいのだ。前章の最後に紹介したベンジャミン・フランクリンの言葉からもわかるように、始めるなら早いほうがいい。ありがたいことに、一部の主流教育機関では、典型的なＳＴＥＭ（科学・技術・工学・数学）教育の範囲には含まれない、感情知能やコミュニケーション、直感力などに関係するスキルを教えはじめている。

優秀な頭脳とやさしい心が共存できない理由はない。最近の研究では、心拍数の変動が認知能力と連動し、複雑な社会的問題についての賢明な論理的思考を可能にすることが示されている。[*6]１９２７年に公開されたフリッツ・ラング監督のドイツの表現主義映画『メトロポリス』に出てくるマリアのセリフのように、「心が媒介者として働かないかぎり、手と頭脳が理解し合うことはできない」のだ。[*7]プレッシャーのかかる中で賢明な判断をするには、純粋な論理以上のものが必要だ。直感力や、一般に心と関連づけられるその他の資質を含めて、私たちがもつ知力のすべてを動員することが求められる。

シンギュラリティ大学での経験から私が得た結論は、人と人とのつながりの質は、世界規模の変化のテコとして、デジタル技術の進歩を全部合わせたよりもはるかに重要だということだ。これからの時代、指数関数的技術は私たちに多くのものをもたらすだろう。それでも結局のところ、そのすべては私たち人間から始まる。ジェントルパワーを駆使すれば、私たちはもっと明確な視点から、しっかりと焦点を合わせ、深い善意をもってそうした技術を活用することができるはずだ。

第5部

日常生活から変える

第12章

サダナ——すべての人に必要な日々の実践

クラース、私たちにできるのはそれだけよ。それに代わるものは見つからない。私たち一人一人が内面を見つめ、打ち壊さねばならないと思う他人の欠点すべてを自分のなかに見つけてそれを破壊しなければならないの。そして、私たちがこの世界に加える一つ一つの憎しみの微粒子が、この世をさらに住みにくくすることを忘れないで。

——エティ・ヒレスム[*1]
（大社淑子訳『エロスと神と収容所：エティの日記』より）

「何事も習練なしでは熟達できない。愛することはなおさらです」。ジャヌル・ヤサは、ドイツ出身の精神分析学者エーリッヒ・フロムの言葉を引いてそう言った。私はジャヌルが建てた道場の美しい稽古場で、木の柱の細部に視線を走らせた。合気道の稽古がまた始まろうとしていた。ジャヌルは話を続けた。「そして、習練には規律、集中、忍耐、最大限の関心が必要になります」。ジャヌルは引用を終えると顔を上げ、何か聞きたそうな視線を私たち生徒に向けた。「では、自分に問いかけてみて。あなたはなぜここにいるのですか？」ジャヌルの問いの響きが道場に残り、私たちは全員、自分の目的の核心にあるものを見つめなおすことになった。

「サダナ」とは、私が15年ほど前にインドで学んだサンスクリット語だ。この言葉は、悟りを求めて存在の本質を問いつづける修行を表すもので、その意味を完全に説明しようとすると本書の範囲を超えてしまうが、英語では往々にして意味が簡素化され、日々の鍛錬を指す言葉として使われる。私にとってサダナはとても大きな意味があり、合気道の練習用の木剣にこの言葉を彫り込んでいるほどだ。ジェントルパワーはただの資質や能力ではなく、習慣、つまりサダナだ。おそらくあなたが崇拝する人は、誰であれ、今の立場に偶然たどり着いたわけではないだろう。日々精進を重ね、ためになる習慣を身につけ、数えきれないほどの挫折を経験しながらも、やりとおしてきたに違いない。

そこでこの章では、自分のアイデアや目標を実現するための集中的な練習の大切さに焦点を当てる。皆さんも独自のサダナを作り上げ、具体的で効果的な方法でジェントルパワーを生活の中に取り入れることを始めてみよう。**必要なのは、ポジティブな習慣をつくること、セルフケアと自己認識を重視すること、システム知性の見識を応用することなどだ。**

意識的な練習がもつ力

私たちの生体が、通常は呼び出されることのない予備エネルギーを蓄えているのは明らかだ。(中略)ほとんどの人は、不必要に表面近くの部分で生きつづけている。

——ウィリアム・ジェームズ[*2]

私は右の一節を、10年以上前からずっと手元に置いている。この言葉は、自分の能力に対してつねに好奇心と希望をもち、この果てしない人生の道のりを進む中で、表面にとどまらずに上を目指すことを意識的に選ぶことの大切さを思い出させてくれる。何事も熟達するには時間がかかるが、「千里の道も一歩から」という有名な中国のことわざにいうように、どんな冒険も最初の一歩から始まる。同じように、サンフランシスコにある道場「シティー合気道」の創設者で、「翁先生」の直接の弟子の一人でもあるロバート・ナドー師範も、「ありのままから始めなさい」と生徒たちにたびたび説く。頭に浮かぶ考えや感情にとらわれることなく、今のこの瞬間に全意識を集中しなさいという意味だ。**大事なのは、何事も決めつけず、オープンな気持ちで練習することだ。**

そうはいっても、新しい習慣を身につけるには努力がいる。イギリスの心理学者フィリッパ・ラリーの研究チームは、96人の被験者の習慣を12週間にわたって詳しく調べた。その研究を報告した論文は広く引用されている。新しい習慣が身につくまでにかかった日数は平均で約66日だったが、個々に見ると18日から254日と大きなばらつきがあり、どんな行動を変えようとしているかや、本人の性格や置かれた状況によって異なっていた。[*3] さらに面白いことに、習慣の形成は一定のペースで進むわけではなく、その学習曲線はある時点で急激に上昇した後に横ばい状態になるのが普通だ。

カーネギーメロン大学の認知心理学名誉教授のジョン・ヘイズは、大きな業績をあげた人々にみられる努力、練習、知識の作用を数十年にわたって研究してきた。たとえばモーツァルトやピカソなど、歴史上の飛び抜けた才能のある芸術家や専門家らを研究対象に、それぞれの分野で巨匠と呼ばれるまでになるのに要した期間を調べた。その研究結果の中で役に立つポイントの1つは、ヘイズが分析した人物の中で、10年程度の修練の期間を経ずに一流レベルの実績を生み出した人は誰一人いなかったことだ。ヘイズはこの期間を、世に認められることがほとんどないことから「沈黙の10年」

と呼んだ。[*4] この研究結果は、何かで一流になるまでにはおよそ1万時間の訓練が必要だとするスウェーデンの心理学者アンダース・エリクソンの説（物議をかもした説でもあるが）にも符合する。[*5]

　ジェントルパワーや心理的安全性を生み出す能力のようなものを身につけたり、呼吸法や視覚化瞑想で神経系を鎮める方法を学んだりするのに、これほど集中的なアプローチをとったらどうなるかを想像してみよう。事実、プロのスポーツ選手や神経外科医の中には、きわめて高いレベルで能力を発揮するのに必要な冷静な集中状態に達するために、この種のスキルを学ぶ人もいる。こうしたスキルは、意識的な、あるいは目的をもった練習に前向きに取り組もうとする人なら、誰でも身につけることができる。最適なパフォーマンスを発揮するために求められるのは、ストレスの高い物事に普段とはまったく違うやり方で向き合う能力だ。たとえば、心理学でいう「快ストレス」は、興奮とやる気を感じ、高いパフォーマンスが発揮されるような一定レベルのストレスをいう。**これとは逆の「不快ストレス」がかかると、混乱したり、冷静な判断ができなくなったり、場合によっては燃え尽き症候群につながることもあるのに対して、快ストレスの状態では集中力が高まり、感情のバランスが整い、理性的な思**

考ができる。[*6]

成長と学習には必然的に挫折がともなう。

新しいことを初めて学ぶときは、まるでクリスタル製のゾウの置物にでもなったように身動きできなくなることがあるが、時間がたつにつれて動きがスムーズになり、人目も気にならなくなる。ジェントルパワーを身につけるのも、同じような感じだ。練習を重ねるごとに、自然にできるようになる。あらゆる経験を学びの機会ととらえることで、ジェントルパワーが思考と行動にしだいに刻み込まれていく。**人間の脳は経験に対してとても敏感で、周囲の環境との相互作用によって、計測できるほどの規模でその形態や構造が変わる。**[*7]「神経可塑性」とは、神経系が生涯にわたってその構造や機能を変えられる性質を指す用語で、神経網に変化が起きるたびに、行動（精神行動も含む）も変わる。幸せの神経科学に関する研究で知られる心理学者のリック・ハンソンは、まさにこのプロセスを理解するための研究に力を注いだ。ハンソンは、互いに信号をやりとりし合う約1000億個もの神経細胞《ニューロン》（その間には500兆個近くのつながりがある）の変化しつづける性質に、私たちの知覚や思考や感覚がどのように依存しているかを説明し、「来る日も来る日も、あなたの思考があなたの脳を組み立てている」と述べている。[*8]

複雑な環境や刺激の多い環境にさらされた動物の脳に関する広範囲の研究で、そのような環境では優れた高次認知能力が発達することが示されたことで、直接的な経験が脳の変化にとって重要であり、したがって行動の変化や学習にも重要だとの認識につながった。[*9] **ほぼすべての経験に、少なくとも短期間は脳を変化させる可能性がある。**まだ信頼できるほどの数の実証研究は出てきていないが、意識を集中させて自分の行動を誘導し、それによって脳を書き換える「自発的な神経可塑性」という概念が、強迫性障害の治療法として注目を集めつつある。[*10]

それでも、成長と学習には必然的に挫折がともなう。だからこそ、忍耐、やさしさ、そして一方的な決めつけではない明確な評価が絶対的に必要だ。自分の経験を先入観なく見なおせば、私たちの脳は本来の分析能力をもっと効率的に発揮できる。サダナを確立しようとするときは、これを忘れないことがとても大事だ。また、人間の神経系はほぼどんなことでも学習できるが、何もかもを学習すること、とくにすべて一度に学習することはできないということを肝に銘じておく必要もある。たいていの場合、「少ないほうが得るものは多い」のだ。

練習方法を慎重に選ぶ

音楽やテレビ番組、夕食のメニュー、歯ブラシ、データの保存法にいたるまで、ほとんど何にでも無限の選択肢があふれかえるようになった世界では、選択肢が多いほどいいとは限らないことを覚えておこう。

私がこれを痛感したのは、しばらく前にプロテインパウダーを買いに健康食品店に行ったときのことだ。チューブや箱やボトルがどこまでも並ぶ店で、私は店員にどこの売り場に行けばいいかたずねた。店内の商品はどれも、魔法のような成分で脳の健康を維持するとか、筋肉を修復する、免疫力や活力を高めるなどなど、さまざまな効能をうたっている。目当ての売り場に着くと、そこにもとんでもない数のプロテイン商品が並び、どうしていいかわからないほどだった。とはいえ、一応は研究者である私は、成分、値段、内容量、フレーバー（「グリーン・スーパーウーマン・ミックス」がどんな味なのか、袋を見ただけでは皆目わからなかったが）などなどを見て、どれを選ぶか分析を始めた。想像以上に長い時間をかけて自分なりのベストの一品（ちなみに商品名は「フィト・ファイヤー・ハニカム・プロテイン」）を選び、代金を払おうとレジへ行った。すると、いざ支払う間際になって、店員が「無料のミキシングボトルとタオル付きの商品もありますけど、お取り替えになりますか？」と聞いてきた。「いいえ、結構です！」と私は何とか声を絞り出し、何だかモヤモヤして疲れきった気分で店を出た。

実際、人は選択肢が限られているほうが、権限を与えられている感覚が強くなるという研究結果がある。選択肢が多すぎて選べなくなる「選択のパラドックス」については、コロンビア大学経営大学院教授のシーナ・アイエンガーが初めて研究し、その後、このテーマを直接取り上げたスワスモア大学心理学名誉教授のバリー・シュワルツの著書で広く知られるようになった。私も履修していたポジティブ心理学課程で、シュワルツ教授によるこの研究についての講義を聞いた。その説明によれば、選択肢が多すぎると不満を感じるのは、目の前にある選択肢のそれぞれのいいところを集めて、まったく架空の理想的な選択肢を無意識のうちに作り上げるからだという。その結果、最終的に払う代償はお金だけの問題ではなくなる。時間と、心の健康まで犠牲になってしまう。選択のパラドックスが日常生活の中で作用する場面はいくらでもある。恋愛問題もそうだ。私の知り合いにも長いことシングルのままの人がいるが、そういう人はパートナーを見つけたいと切望しているのに、かなりよさそうに思える相手が見つかっても、頭の中で作り上げた理想の人ほど完璧じゃないという理由で却下しつづけて、そのまま何年もたってしまっている。

本書の中にも、生活の中でジェントルパワーを発揮するための役に立つアイデアをたくさん盛り込んでいる。私が個人的な経験から役に立つと思った方法を紹介しているので、いくつか試してみて、何が自分に合っていそうか、とくにピンとくるのはどれかを気楽に考えてみてほしい。サダナに取り組むときは「少ないほうが得るものは多い」の視点に立って、何でもかんでもやってみたくなる衝動を抑えることだ。それよりも、ゆったり構えて直感に従って1つか2つの習慣を選び、ジェントルパワーを身につけ自己認識を深めるための自分なりの方法を探っていこう。**自分のためになると本当に思える1つのことだけに集中して、それを習慣として身につくまで一貫して丁寧に続ければ、それだけで大成功だし、きっと人生が変わる。**もちろん、その1つに何を選ぶかは自分しだいだ。瞑想でも、よく眠ることでも、オーセンティック・リレーティングでも、そのほか本書で触れていないことでも、自分の心に響くものなら何でもいい。よく考えた上でここを変えようと選んだ部分や、こだわって続けている習慣は、どんなに単純なことに思えても、自己変革への扉を開く可能性がある。私の場合は、「何事もシンプルに」と「練習が熟達につながる」という言葉をいつも自分に言い聞かせている。

第13章 思考パターンは変えられる

やさしさは拡張された現在を生み出す。

——アンヌ・デュフールマンテル[*1]

現代の一部の優れた環境科学者によれば、人類が生きる時代はすでに最終章を迎えている可能性があるという。その最終章がどれだけ長く続くか(そして、続編はあるのか)は、私たちしだいで決まる。以前教えを受けたペンシルベニア大学ポジティブ心理学センター実務家教員のジェームズ・パヴェルスキー先生は、締め切りの厳しい課題を出すとき、「時間は気体のようなもので、与えられた空間を満たすのです」と学生たちを諭した。この地球上で過ごす時間がなくなろうとしているかもしれないと考えると、緊迫した空気が漂ってくる。

量子物理学者の故デヴィッド・ボームが言ったように、今、何よりも必要なのは「新しい考え方」だ。[*2] 私がそこに付け加えたいのは、その新しい考え方を取り入れるには、無力感、とげとげしさ、そして何事も無難にすませる意識を捨てなければならないということだ。**ここまで来てついに、私たちは自分の力で考え、他者と世界の運命を頭に置いて行動できるようになることを強く求められている。**カニやヘビが脱皮しなければ成長できないのと同じように、私たちも役に立たなくなった時代遅れの考え方や行動パターンから抜け出さなくてはならない。

今、私たちが親として、創造者として、市民として、リーダーとして、あるいは消費者として下す判断が、やがて人類の遺産を左右することになるだろう。アメリカの昆虫学者エドワード・O・ウィルソンが言ったように、「互いに基本的な節度をわきまえる倫理観」によって構築される「人類にとって永遠の楽園」、あるいは「その力強い兆し」が、私たちの遺産となる可能性はまだあると私は信じている[*3]（引用部分：斉藤隆央訳『人類はどこから来て、どこへ行くのか』より）。自分も含めて人がトラウマを克服して立ち直り、もう一度愛を求めるようになるのを見てきた経験から、人類はその楽園を実現させるのに必要なものをもっていると確信している。そこへたどり着くには、ジェントルパワーが必要になるだろう。そして、おそらく「システム知性」も必要だ。

3つ目のマスターキー

私が「システム知性」のことを初めて聞いたのは、フィンランド人起業家のネッリ・ソーガーからだった。2012年、ニューヨークでのことだ。そのときのことは、決して忘れられない記憶として残っている。真昼の早い時間で、場所はマンハッタンのミッドタウン地区。きらめく日光が窓から降り注いでいた。ネッリがシステム知性の話をした瞬間、私の心の中で何かが動いた。なぜかとても気持ちが高揚して、そのあと居ても立ってもいられず、システム知性とその提唱者であるフィンランドのアールト大学教授のライモ・ハマライネンとエサ・サーリネンのことを徹底的に調べた。資料を読んでいると、体中の神経がうずくような感覚が走った。

システム知性が目指すのは、よりよい人生の実現だ。「システム思考」がシステムを外側から向上させるためにさまざまなシステムを幅広く理解することであるのに対して、システム知性はあらゆるものに内側からアプローチする。この違いは、情報と知識の区別と同じだと思う。**情報は何かを説明するのに使うのに対して、知識とはその情報をどう応用するかだ。**愛をもって知識を応用すれば、それは英知になる。そこに内なる強さとしてのシスを加えれば、ジェントルパワーの基礎ができる。

よりよい人生の実現ということに関しては、ハマライネンとサーリネンの研究は、与えられたシステムの中で、そのシステムのほかの側面に飛び抜けて大きな効果をもたらす行動にとくに着目する。そうした行動の中には、ボストン大学のカレン・ゴールデン＝ビドル教授の言う「マイクロムーブ」に当たるものがある。**つまり、ほとんど気づかれないほどささいに思えるが、リスペクトの気持ちが伝わり、変化への機運を高める行動だ。**[*4]たとえば、店の入口にスロープをつける、学んだことをみんなの前で報告したり、大きな成果をあげたときにお祝いをしたりする時間を勤務時間中にもうける、あるいは単純にいい仕事をした人をほめるといった行動があげられる。リーダーがこういう行動をとれば、人々に自分が想定する能力を超えて望ましい変化を起こす力を与えるとともに、組織論を研究するマーサ・フェルドマンとアン・カディミアンのいう「活力の連鎖」を生み出す環境ができる。[*5]

私たちはみな、さまざまな人間関係や出来事が織りなす複雑なネットワークの中で生きていて、そのネットワークにそれぞれが独自の形で貢献している。すべての人間生活は基本的に体系（システム）的で、人々の心の状態が、より広い範囲のシステム的な反響として表れる。どんなネットワークにおいても、ネガティブな感情とポジティブな感情が（人前で表れる場合も内面的に感じる場合も）、その人自身が感じるよりもはるかに大きな影響を及ぼす。[*6] システム知性についての認識が高まったことは、私自身の人生において革命的だったし、大局的な物の見方と、自分が属するシステムの中での自分の役割に順応するためのカギになった。私たちの存在そのものやちょっとした言動が、他者のために扉を開くことがある。けれども、同じように簡単にその扉を閉じてしまうこともある。神経系の観点から見ると、そのどの部分が活性化したか――つまり、リラックスをうながす副交感神経系か、生存のための警戒システムである交感神経系か――が、この扉が開くか閉じるかを左右する。

自分の中のこのどちらかの神経系が刺激される相手が、誰にでもいるはずだ。**一緒にいると安心してゆったりした気分になる相手もいれば、会えばいつもちょっとピリピリしてしまう相手もいる。** そういう相手にはよく知っている人もいるし、こちらとしては他人だと思っている人もいる。けれども、システム知性を働かせて考えるなら、こんなふうに自分に問いかけてみよう――「私の周囲にいるほかの人はどう感じているだろう?」。この問いには、それぞれの場面にどんな可能性があるかを気づかせてくれる力もある。たとえば、誰かに邪険に扱われたときでも、尻込みして腫れ物に触るように接してばかりいる必要はない。**「きっと何かつらいことがあったんだ。できるだけ辛抱してみよう。何か学べることがあるかもしれないし」とか、「この経験で、自分の中の何か強い感情が刺激されたのに気づいた」などと考えて、一方的に決めつけることなく、冷静に状況を観察することもできる。**このように従来の思考パターンが崩れるのは、システム知性が働いている証拠だ。

自分の中の設計図は、それが見えないかぎり変えられない。

システム知性のアプローチを生活に取り入れるには、的確な判断と、内省、他者への順応を習慣づけることだ。そうするうちに、やがて自分自身や他者、周囲の環境の中にある何であれジェントルパワーが表れたものに、自然と引き寄せられるようになる。このアプローチを基礎として築かれた世界を想像してみよう。そこでは、とくに何もしなくても、人々がいつもポジティブな形で影響を与え合い、まだ表に現れていない可能性への扉が次々と開いていく。

ハマライネンとサーリネンによれば、システム知性は誰もがもっている人間の行動知能の一種でもあり、私たちはその知能を使って日常的に自分への問いかけを行うことで、ときに高い能力が要求される複雑なコミュニケーションの舵取りをすることができる。[*7] 2人がシステム理論研究者・教育者のレイチェル・ジョーンズとの共著『もっと上手によくなるために』(邦訳未刊/原題:*Being Better Better*)の中で述べているように、変化を生み出すカギは、私たちが自分の思考について考え、「メンタルモデル」、つまり自分が無自覚にもっている価値観や思い込みが、あらゆる行動の隠れた設計図として作用することを理解しながら、そのメンタルモデルを見なおす能力にある。**自分の中にある設計図は、それが見えないかぎり変えられない。**その設計図を修正することで、そこから生まれる結果が変わるのだ。

自分の思考について考える

第7章で紹介したスタンフォード大学のドゥエック教授の研究チームが示したように、私たちがもつ信念は将来の行動を大きく左右する。メンタルモデルの中でもとくに信念に関するものは、変化への最大のチャンスになるだけに、システム知性にとって重要な意味がある。システム知性では、自分の思考の質を高めることで、そうしたチャンスをより多く引き出せるようになる。ハマライネンとサーリネンによれば、思考の質を高めるには次のことが必要だという。

・自分の行為や行動は、部分的には自分の思考（メンタルモデル、信念、前提、解釈など）の結果であることを認識する。
・自分の思考は一面的で、全体像の正確な理解からは程遠いことを肝に銘じる。自分が属する全体的なシステムをつねに考慮に入れているとは限らないし、考慮しているとしても歪《ゆが》められた形でしかない。
・自分の思考についてメタレベルで考えることで、システム的な環境における行動の知的レベルを高める。
・自分の置かれた環境と、それと相互につながったさまざまなシステムに対する自分のとらえ方は、おそらくは主観的な前提にもとづくイメージでしかないとみなす。[*8]

システム知性とは、自分の中にあるソフトウェアをアップデートするようなものだ。適切なオペレーティングシステムはすでにもっている。**多くの人は、その潜在能**

力をフルに発揮する方法を教わったことがないだけだ。私の場合、自分の言葉や行為が広い範囲に及ぼす影響に気づき、自分の思考を自分自身や他者のためになるように利用できることがわかるようになるにつれて、経験したことや出会った人のすべてを、一方的に決めつけることなく、より好奇心をもって広い心で見るようになった。システム知性を働かせるには、「考えていることを考える」だけでなく、自分の行動や他者とのつながりにもっと大きな関心を向けることも求められるのだ。

「小さな選択」が持つ意義

ワシントン大学心理学教授のジョン・ゴットマンの研究チームは「結婚の数学」と呼ぶ研究を行い、夫婦が直面する最大の課題の一つは「ネガティブな感情を抑制すること」だという見解を示した。「ネガティブな感情とポジティブな感情のバランスは、結婚の長期的な運命を予測する上で絶対的に重要である」とゴットマンらは断言する。[*9] 喧嘩をしている夫婦の様子を観察するだけで、その後6年のうちに、その夫婦が離婚するか、不満を抱えたまま結婚生活を続けるか、それとも幸せに結婚生活を送るかを確実に予測できるという。幸せに結婚生活を続ける夫婦は900秒の観察時間のうち、ポジティブな感情（愛情、ユーモア、しっかり話を聞くなど）を抱いていた時間が、不満なまま結婚生活を続ける夫婦より30秒以上長かった。一方、その不満な結婚生活が続く夫婦は、ポジティブな感情の時間がやがて離婚する夫婦より30秒長かったという。

システム知性の考え方では、日常生活における選択の重要性を強調している。難しいのは、自分のパワーや潜在能力を発揮するべき瞬間に気づくことだ。ゴットマンの研究に出てくる何組かの夫婦は、たとえばもっと相手の話を聞くとか、笑みを浮かべる、ハグして慰める、嫌みではなくやさしい言葉で返事をするといった行動を選ぶこともできたはずだとも言える。私たちはこういうささいだがポジティブな行動のもつ意義をつい忘れて、冷たく接したり、月並みな反応に終始したり、口癖になっているネガティブな言葉を投げたりしてしまいがちだ。そういう人たちも、おそらく月並みな夫婦でいたいわけではないだろう。それでも、自分が主体的に行動しているという意識をあまりもたないまま、まさに月並みさの原因になっているお決まりの行動パターンを、自分のも相手のも含めて見て見ぬふりをしているのだ。

では、こんなアイデアはどうだろうか。**こんど親しい人（パートナーや友人など）と一緒に過ごすときに、頭の中で、相手の長所を意識的にリストアップしてみよう。**相手の素晴らしいところを探して、チャンスがあれば、それを直接伝えてみよう。これを数日から1週間ぐらい続けてみて、次は、それほどよく知らない相手でも試してみる。たとえばバスの運転手や、スーパーのレジ係、職場の同僚などだ。思い出してほしいのは、私たちの脳は環境の中でネガティブなものや有害なものに気づきやすいようにできているということだ。しかし、そこには全体像の大部分は含まれない。その「大部分」の中から、何に注目するかを自分で選べばいい。サーリネン教授がよく言うように、「私たちには目に映るよりはるかに多くのものがある」のだ。

前章で紹介した心理学者のリック・ハンソンは、人間の思考を庭になぞらえる。私たちはその庭の世話をするガーデナーで、花を育てたり雑草を抜いたりする。ハンソンの説明では、これには「そのままにする（let be）」「手放す（let go）」「取り込む（let in）」という3つのやり方がある。先入観をもたずに花と雑草（つまり、いいものと悪いもの）をよく見て、その場に応じて刈り込んだり水をやったりすることで、「いいもの」を育てることができる。[*10] 中には――私もときどきそうなるが――ストレスを受けすぎていたり、ただ何とかやっていくので精一杯だったりするせいで、自分に選択肢があるとはなかなか考えられない人もいる。**けれども、生活の中で「いいこと」にも**

っと関心を向けようと心がければ、パートナーがちゃんと配慮して家の鍵を手わたしてくれたことに気づいたり、スーパーの店員がこちらの目をまっすぐ見て、きちんと挨拶してくれたのに感じ入ったり、バリ島の宿の主人が「たとえ1泊だけでも、またお泊りいただけてうれしいです」という思いやりのあるメールをわざわざ送ってくれたのをありがたく思ったりする。この3つはどれも、私の周囲の人が、自分を取り巻くシステムに美しさとやさしさを吹き込む行動を選んでくれた最近の例だ。

あなたも生活の中にあるこういう瞬間に目をとめて、その場に応じて対応することにトライしてみてほしい。上にあげた私の例でいえば、パートナーには「ありがとう。私が暗い中でもドアを開けやすいように考えて、正しい鍵を取り出してくれたのね」、スーパーの店員には「本当に素敵な笑顔ね！　今日をいい日にしてくれてありがとう」、宿の主人には「お気遣いありがとうございます。おかげで外国にいても自分の家のようにくつろげます」とお礼を言えばいい。そういうシンプルな対応で「いいこと」に光が当たり、相手にこれからもちょっとしたポジティブな行動を続けようという気持ちを起こさせる。

こうしたささいな行為を大事にすることは、それほどたいしたことではないと思えるかもしれないが、システム知性の理論家はリーダーたちに、こうした行為を実践して模範を示すように勧めている。そういう「意識的」なリーダーシップの実践は、組織風土に強いポジティブな影響を与えるからだ。**自分をリーダーとみなすかどうかにかかわらず、いつでも手の届くところにあるこういうストレートな行為や言葉が、私たちの生活に大きな影響を与えるのだ。**

善意の出し惜しみ

安全が脅かされ、持続不可能で、思いやりのない世界が、いま現実のものになっている。正気なら誰もこんな世界は望まない。ほとんどの人はパートナーとの深い心と体のつながりを感じたいと思っているはずだし、ほとんどのリーダーは部下たちをしっかりサポートしたいと思っているはずだ。それなのに、世界の現状を見わたすと、貧困や難民危機、飢餓、社会からの隔絶、依存症、虐待などがあふれている。もし選べるのなら、誰もこんな世界は選ばない。

こんなに豊かな世界で、なぜこんなことが起きるのだろうか？ **考えられる説明の一つは、寛大さが求められるのに実践されていないところでは、欠乏感のパターンが生まれやすいというものだ。**このパターンが生まれると、人々は貢献や肯定、承認を出し惜しみするようになる。なぜなら、ほかの人もこちらにとって意味があることや利益になることを出し惜しみしていると思っている（あるいは、そう思っていると思い込んでいる）からだ。ハマライネンとサーリネンは、「人と人とのやりとりは、その傾向に逆らうための意識的な努力を始めないかぎり、出し惜しみのシステムへ陥っていく傾向がある」と注意を呼びかけている。[*11]

２０１４年のこと、私はフィンランドで、アメリカのシステム科学者ピーター・センゲの講演を聞いた。『最強組織の法則　新時代のチームワークとは何か』（守部信之訳、徳間書店）の著者であるセンゲが、アールト大学のシステム分析研究室が主催するイベントでオープニングの基調講演に登壇したのだった。センゲは、自身が生まれ育ったロサンゼルスの劣悪な環境状況に触れ、経済成長を求める圧力によって、まるでエデンの園のようだった一帯がコンクリートジャングルに変わってしまったと嘆いた。オレンジの木立を破壊したり、子どもの遊び場を荒らしたり、公害で空気を汚したりすることを意図的に望む人は誰もいないことは、子どもながらに理解していたという。けれども、それが実際に起きたことだった。[*12] **これと同じように、無能なリーダーシップや非倫理的なビジネス慣行、家庭内の心理的安全性の欠如も、誰かが意図的に生み出そうとするものではない。** 世界的な流行病や気候変動だって、誰一人望んでいない。それでも、人間は過去25年の間に地球上に残っていた原野を何十カ所も破壊し、多くの動植物を生息地から追い出して絶滅に追い込んできた。[*13] センゲがこの基調講演で述べたように、「ここ［頭を指さして］にシステム意識があっても、実は大して役に立ちません。結局は、私たちが何をするか、どう動くか、どのように考えて行動するかに尽きるのです」ということだ。

残念なことに、行動する気がある人でも、たいていはどこから始めたらいいかがわからない。システム知性のアプローチは、批判やあら探しをせずに、「非生命体生成システム」を働かせて成長や変化の糸口を見つけることから始まる。**ハマライネンとサーリネンは、励まし、サポート、尊重といったささいな行動をうながすことは、どんな場合でも手始めとしてふさわしいと示唆する。**こうした行為はワクワク感、活力、高揚感といった感情と並んで、人間のありようの根本をなすものだからだ。したがって、リーダーはまずそういうところから労力を注ぐべきだという。[*14]

どんな人であろうと、何に関心があろうと、

今この瞬間にできるポジティブなことは必ずある。

人間の行動様式には、発達歴や愛着スタイル、祖先から受け継いだ信念、文化的に期待されることなどが大きく影響するが、たいていの場合、考えられる行動の選択肢は思いのほか多い。**私たちはみな不健全なシステムに悩まされているが、もっといいものを生み出すパワーももっている。**そして、それは考えることから始まる。家庭でも仕事でも、ジェントルパワーをもったリーダーは、そこに関わるすべての人の成長をうながし、よりよい人生をもたらすことに意識的に取り組む。大事なのは、どんなときも互いのいいところを探し、ポジティブな面に目を向け、そうすることで、そのすべてが花開くように働きかけることだ。パートナーともっと親密な関係を築きたいなら、まずは最初の一歩を踏み出そう。家のあちこちにろうそくを灯《とも》したり、マッサージをしてあげたり。一方的な批判や求められてもいないアドバイスをせずに、仕事の愚痴を聞いてあげるだけでもいい。リーダーとしてサポートの環境を整えたいなら、部下と一緒に過ごす時間をとり、仲間意識を育て、やる気にさせる方法を意識的に探すこと。環境問題に関心があるなら、環境意識の高い企業の商品を買う、木を植える、子どもたちの自然を大切にする意識を育むといった行動が考えられる。どんな人であろうと、何に関心があろうと、今この瞬間にできるポジティブなことは必ずある。

私は選択できる

自分の内なる環境と外側の環境を感じ取り、受け入れ、順応し、その舵取りをしていくことができれば、ジェントルパワーをもつリーダーとして成長し、その能力を発揮することができる。システム知性を意図的に実践すれば、ただシスを高めるだけでなく、一人ひとりにとっても、その人が属するシステムにとっても、健全でバランスのとれたシスにつながる条件を整える道が開けると私は確信している。

以前、合気道の師匠のジャヌルにこう言われたことがある。「利口になるのは簡単だが、愛情深くなるのはそれよりはるかに難しい」。本当にそうだと、私は何度となく痛感させられている。それでも、穏やかで思いやりのある態度を保つのが難しいときや、堂々と本心を表現できないときがあっても、それは成長し、強くなるためのチャンスだ。ジェントルパワーが揺らいでいるときでも、その「揺らいでいる」という事実に注意を向けることが自分のためになる。希望はすべての生き物やシステムに本質的に備わっているもので、そのおかげで生き物やシステムは絶えず進化しつづける。システム知性を養うには、いろいろなことをやってみて、アイデアを試すことが必要だ。そうすることで私たちは、自分は不完全だということと、その一方で素晴らしいところもたくさんもっていることを、どちらも認めることができる。

人によっては、自分にやさしくすることは他人に親切にするよりはるかに難しい。大事なのは自分の欠点を認めながら、そのことで自分を責めないことだ。心のうちが無意識に行動に表れるのは避けたいところだが、ジェントルパワーには穏やかな両極性があることも忘れてはいけない。人間のすることでいちばん立派なのは、必ずしも履歴書に書ける受賞歴などではない。**むしろ、正しいとされることより許すほうを選んだこと、利益より誰かと一緒にいることを優先したこと、プライドよりも成長を目指したこと、世間に何と言われようとそのときの最善の行動をとったことなどだ。**逃したチャンスの大きさに打ちのめされそうになることもあるだろう。そういうときは、自分を許すことが必要だ。ジェントルパワーを発揮して、自分自身にやさしい許しの手を差し伸べればいい。

この新たな啓蒙《けいもう》の時代には、明確に論理的に考える能力に加えて、感じ、直感を働かせ、心のままに進んでいく能力も呼び起こすことが求められている。そうすることで私たちは、人類と世界の存続の危機によって強いられてきた緊張を癒すことができる。そして、もう一度自分自身とお互いを感じ取ることができるようになる。ここでは、論理と感情が同じテーブルに載せられる。その2つが融合して生まれるのがジェントルパワーだ。それが、私たちの種としての進化の次のステップになる。

皆さんもこれから1週間ほどかけて、自分が属するシステム（大事な人や気楽に付き合える相手との関係から、職場や地域のコミュニティ、周囲の環境までが含まれる）の中での自分自身を観察して、ちょっとしたポジティブな行動を実践できるチャンスを見つけてみよう。また、「出し惜しみ」の思考に陥りがちなパターンも探してみよう。そして、観察してわかったことを（自分の感情や他者の反応も含めて）日記帳やノートに記録する。毎日、最低でも5つの事例を書き留めて、週の終わりにその経験をじっくり振り返ってみよう。

第14章

「やさしさ」の錬金術

混乱の中に単純さを見つけなさい。
不協和から調和を見つけなさい。
困難の中にこそチャンスがある。

――アルベルト・アインシュタイン[*1]

「錬金術《アルケミー》」とは古代から行われていた試みで、ありふれた物質をもっと価値の高い物質に変えようとする技術をいう。ブラジルの作家パウロ・コエーリョの小説『アルケミスト―夢を旅した少年』(山川紘矢ほか訳、角川文庫)では、鉛《なまり》を金に変える術として描かれる。これは、日常的な経験を宝石のような知恵や理解に変えるという、私たちが目指す目標にぴったりのたとえだ。そうした知恵や理解があれば、私たちはもっと整合がとれ、物事が明瞭になり、力を与えられることによる心の平安を手にすることができる。**この最後の章では、あなた自身の理解をさらに広げ、自分の人生を「鉛を**

金に変える」チャンスの連続ととらえられるようになるためのポイントをいくつか紹介したい。困難や過ちはすべて学びにつながる可能性があり、勝利はすべて自分の能力や勇気、強さを実感するチャンスになる。あらゆる物事が、人生という「道場」での鍛錬の機会だ。

少し前の章で、合気道の師匠のジャヌル・ヤサが生徒たちに、「あなたはなぜここにいるのですか?」と問いかけた話をした。同じ問いを、あなたも自分に投げかけてほしい。心を落ち着けて、穏やかに問いかけてみよう。「私はなぜこの本を読むことにしたんだろう? この本から何を学びたいのだろう?」そして、数分間考えて、出てきた答えを書き留めてから、こんどはこう問いかけてみよう。**「私は何を探しているんだろう? いま自分の人生で、何を生み出したいんだろう?」**こうした問いへの答えは、リーダーとしての能力を高め、ジェントルパワーを培うための自分なりのサダナを組み立てるのに役立つはずだ。

品格をもって成功する

私がニュージーランドで過ごした50日の間には、深い自己理解につながった瞬間が何度かあったが、その一つは18日目の朝に訪れた。そのとき私は、ニュージーランドで司会業や講演・執筆など多彩な活動をするジャネル・フレッチャーが書いた詩集『満月に照らされて踊る』（邦訳未刊／原題：*Dancing in Her Own Full Moonlight*）を読んでいた。その10日ほど前にニュージーランド南部の町ワナカを発《た》つときに、「ひょっとしたら、旅に役立つ宝物のような言葉が書いてあるかもよ」と言って、ジャネル自身が私のカバンに入れてくれたものだ。私は2、3日たってから本を開き、ジャネルがそこここに散りばめた内省をうながす問いの答えを考えた。ある一つの問いが、とりわけ目を引いた。それは、自分にとって成功とは何かを問いかけるものだった。「人を元気づけて、自分の潜在能力に気づかせること」と私は思った。「それに、自己理解を深めて、自分に与えられた才能をポジティブな行動につなげることも成功だわ」。すると、次にジャネルはこう問いかけてきた。「品格のある成功ってどんなもの？」

その朝、次の50キロの道のりを走り出そうとしているときも、私はずっとその答えを考えていた。品格をもって走ったり、話したり、人と関わるってどんな感じだろう？　以前、シスとは何かを考えていたときもそうだったように、初めはなかなか答えが見つからなかった。けれどもやがて、品格とはジェントルパワーと同じように、洗練された、実体のあるものだと思いいたった。それは、ただやさしくあることではなく、やさしさそのものになったということだ。

バレリーナのダイナミックなのに楽々と見える動きや、白鳥が滑るように優雅に湖面を進む様子を思い浮かべてみるといい。**品格とは強制されるものではなく、ただ単にそうあるだけのことだ。**それでも、実際には目に見える以上にさまざまなことが起きている。バレリーナの例でいえば、楽々とこなしているように見えるのは、その動きを何年も繰り返し練習して身につけてきたからだ。その人なりのサダナを積み重ねてきたおかげで、最高レベルの品格が身体のシルエットと一体になったのだ。白鳥の場合、私たちの目に見える水面上のゆったりとした高貴な姿は、見えない水面下で必死に水を掻《か》く足の動きによって生まれている。品格とは、強制されず、急《せ》かされもしないパワーが具現化された実体であって、誰でも身につけることができるものだ。

ここで少しの間、品格はあなたの核にある本質だと考えてみよう。品格とは、自然な状態のあなた自身だ。**身の安全を守るという名目で周囲をコントロールし、喜ばせ、回避し、なだめすかそうとしきりに働くエゴの奥に、品格が隠れている。**あなたが誰であるかや、どれだけ気が散っているか、動揺しているか、バランスを失っているかは関係ない。品格とは、どんなときも引き出すことのできる、萎縮を抑え、落ち着きを増すための潜在力なのだ。

あのニュージーランドでの18日目の朝、品格をもって走るとはどういうことかを考えていたとき、私は自分の背筋が前よりピンと伸びて、なのに動きが柔らかくなったことに気づきはじめた。それに、走るペースが落ちて、前より周囲に意識が向くようにもなっていた。機能と遂行という意味でいうと、私はそれまで数週間続けてきたのとまったく同じこと――つまり、脚を使って体を前に進めること――をしていたのに、その日は距離の進み方が違った。それに気づいたとき、「自然は急がずとも、すべてのことを成し遂げる」という『老子道徳経』の一節を思い出した。*2

日常のささいな出来事を宝物に変えるチャンスは、いつでも目の前にある。たとえば、どうしても仕事がある日や休みたい日に友人からコーヒーに誘われたとき、家族との約束があるのに上司に残業を頼まれたとき、あるいは恋人から何かあったのと聞かれて、どうしても正直に答えられないとき。こういう状況はすべて、反射的に相手に従ったり、本当のことを隠したりする悪い習慣を捨てるチャンスだ。自分の軸からぶれてしまう思考パターンをふりきって、真実の側へ引き戻してくれる品格を体現するチャンスでもある。**自分にも他者にも正直になり、健全な境界線を引き、本当の意味で親密な関係を築くために自分の「弱さ」を優先するチャンスは、思いのほか数多く与えられるのだ。**

この章には、あなたのジェントルパワーを目指す旅を支えるため、自分なりの答えをじっくり考えてほしい問いをいくつか盛り込んでいる。できれば、その問いへの答えを書き込む専用のノートを用意して、旅の記録をつけられるようにしておくことをお勧めしたい。それぞれの問いの後に、日々の実践の中で目指す自分の姿を心に刻みつけるための宣言文を添えている。読みながら少し時間をかけてじっくり考え、思いついたことを書き留めることで、その内容を自分に染み込ませてほしい。声に出して読んでも黙読してもいいが、どんな読み方をするにしても、心に浮かんだことをしっかりと感じ取ることがポイントだ。何か役に立つことが思い浮かんだら、必ず書き留めて（私は付箋紙をよく使う）、頻繁に見られる場所に貼っておこう。では、さっそく最初の問いから見ていこう。友人のジャネルからの問いを少し修正したものだ。

自分に問いかけてみよう

・私にとって成功とはどんなものだろう？
・日常生活の中で、「品格をもって成功する」とはどんなことだろう？

目指す自分を宣言しよう――ジェントルパワーを自然に身につけるために

私は日々生きていく中で、積極的ながらもゆとりをもち、真剣に取り組みながらも萎縮することなく、リーダーシップの知恵を身につけることができると信じている。私がここにいるのは、ただ自分の生まれながらの強さと愛する力を忘れずにいるためだ。そして、自分や他者を「直そう」とするのではなく、一方的に批判せず、リラックスさせようとする心構えを培うためだ。圧力によって生まれる猛々《たけだけ》しさをいっさい手放せば、そこに品格が備わり、日々の経験を穏やかに明るくしてくれる。

たいていの場合、私たちは愛やがまん強さ、思いやり、理解、品格ある強さを自分が思う以上にもっている。

重圧に負けない品格

ディーン・カーナゼスはアメリカ人のウルトラランナーで、数年前に、ギリシャのアテネからスパルタまで約246キロをノンストップで走る過酷なレース「スパルタスロン」を完走した。その後、私がインタビューさせてもらったときに、言うまでもないけれど、あのときは完全にヘトヘトになっていたと打ち明けてくれた。彼の頭にあったのは、とにかくすぐに宿舎に帰ってリカバリーのルーティンを始めることだけだった。ところが、ゴールラインを越えたとき、たくさんの観衆が目に入った。みんな彼を出迎えようと、長時間待っていたのだ。「何度か気を失いそうになりました」とディーンは言う。「1日半近くも寝ずに走りつづけて、とんでもなく過酷なウルトラマラソンを完走したばかりでしたからね」。観衆には彼がどれほど疲れ果てていたかわかるはずがなかったとしても、ディーンはホテルに向かう前に、その人たちのそばにとどまることを選んだ。「体の中に、まだエネルギーの蓄えが残っていたんですよ。おかげで、その人たちと話をしたり、本にサインしたり、一緒に写真を撮ったりして数時間過ごせました。自分より大きな何かに身をゆだねている感じでしたね」[*3]。

このディーンの例は、膨大な量のシスを発揮した後でも、思いやりを失わず、「今、この瞬間」にとどまることはできることを物語る素晴らしいストーリーだ。不可能と思われるレースを終えたとき、何よりも輝きを放ったのは、ディーンの温かい人間力だった。これは最も崇高な形で表れたシス、つまりジェントルパワーと言い換えることもできる。**十分に休息をとって元気いっぱいなときや、何もかも計画どおりに進んだときは、愛情と品格をもってふるまうことはそれほど難しくない。**けれども、慌ただしい月曜の朝や、ラッシュアワーの道路、不吉な満月の夜など妙なエネルギーが満ちているときは、どんな善良な人にもひどいことが起きてしまう。それは実に人間らしいことだし、ここで大事なのは、そもそも不可能なことを自分に期待することでも、妥当な限界を超えてがんばりつづけることでもない。覚えておいてほしいのは、たいていの場合、私たちは愛やがまん強さ、思いやり、理解、品格ある強さを自分が思う以上にもっているということだ。そして、練習と準備を重ねることで、そういうものを自分の中からより多く引き出すことができる。

「リーダーシップとは、その人自身の道徳的規範です」とディーンは言う。「自分なりの価値観をもち、どんな状況でも誘惑に負けず、一段高い基準を保ちつづける人がリーダーだと思います」。それができるようになるには、努力が必要だ。子どもに大声で言い返されたときに自分なりの基準に見合ったがまんとやさしさを保てるかや、1日ぶっ通しで走りつづけた後にファンのために時間を割けるかなど、品格が求められる場面で、重圧がかかる中でそれを示せるかは大事なことだ。そういう瞬間が否応なく訪れたときに備えて準備しておくことは、誰にでもできる。イギリスのウルトラランナーのダミアン・ホールは、そういうときに備えて「毎日ちょっとだけ泣く」というう。[*4] 傍《はた》からはどう見えるにせよ、自分で決めたサダナは、先々にどんな困難や予期せぬ出来事が待っていようと、そのときのための準備を整えてくれる。

ニュージーランドを走っているとき、私はディーンの話をたびたび思い出した。「シス・ノット・サイレンス」のキャンペーンでたくさんの人に会うときは、いつも1日走ってヘトヘトに疲れた状態だった私にとって、ディーンの話は、疲労困憊《ひろうこんぱい》しているときの人前でのふるまい方の先例を示してくれていた。ゴールで迎えてくれ、口々に祝福の言葉をかけてくれた人たちのためにその場にとどまったディーンのことを考えると、私もここぞというときには、自分の中に蓄えてある何かを引き出そうという気持ちになった。たとえば、6日目にクイーンズタウンからクラウン山脈を越えてワナカまで走ったとき、ワナカに着くのが予定より大きく遅れ、わずかな時間でシャワーを浴び、リカバリーして、イベントでのスピーチの準備をしなければならなくなった。会場でスピーチを始める前に、私は少しだけ時間をとって、静かに座っていた。足と頭がズキズキしていたが、心はしっかりと落ち着いていた。そして目を開けて、壇上に上がると、集まってくれた80人近い参加者に歓迎の気持ちを伝えてからスピーチをした。その後、会場を後にする参加者とハグを交わしながら、シスのリストバンドをプレゼントした。愛情と好奇心いっぱいの温かい言葉をたくさんかけていただいたこの日のことは、私にとって何よりも大切な経験になった。

自分に問いかけてみよう

・「重圧に負けない品格」の例を見たことがあるだろうか？　それはどんなものだったか？　そのとき、どんなことを感じたか？

・人のためにもうひとがんばりするほうがいい、あるいはそうする必要があるのはどんなときだろう？　そうするべきではないのは？　その違いはどうすればわかるだろう？

目指す自分を宣言しよう――重圧に負けず品格を示すために

ペースを落として、成果をあげることより「今、ここ」にいることを、完璧さより進歩を選ぶことを純粋に素晴らしいと思える確かな見識が、自分の中で育ちつつある。一つ一つの瞬間が、自分の中の揺るぎない強さと日常的な共感の大切さの両方を穏やかに確かめるチャンスになる。私は自分の潜在能力を喜んで受け入れると同時に、自分の人間らしさも認める。休みをとるために仕事や用事を控える必要があるときは、私は毅然としたやさしさをもってそうできる。

待っていた自分になる

以前、フィンランドの主要紙『ヘルシンギン・サノマット』で、「閉鎖病棟の元患者が博士論文提出へ」という見慣れない見出しの記事を読んだことがある。記事の内容に感動した私は、件《くだん》の女性にメールで連絡をとり、お会いできないかとたずねてみると、ありがたいことに承諾してくれた。

パイヴィ・リッサネンというその女性は、社会福祉学の修士号をとり、就職してしばらくたった頃に精神病性うつ病になり、自傷行為を繰り返すようになった。精神科病院に入院し、数週間のつもりがいつの間にか何年も過ぎた。気がつけば閉鎖病棟にいて、看護師もあからさまに相手にしたがらない「絶望的な患者」の烙印《らくいん》を押されていたという。そんな話は、私の目の前で黒い冬のコートを着てコーヒーを飲んでいる聡明そうな女性の姿とはどうしても結びつかなかった。パイヴィの話を聞いて、人間の精神に宿る不屈の強さと、ときに第三者が人の人生に及ぼすパワーをあらためて痛感させられた。
やがて、パイヴィに救いの手が届いた。その手を差し伸べたのは、しばらく前から渋々ながらパイヴィを担当していた手厳しい看護師のユハだ。ある日、ユハは単刀直入に聞いてきた。「なあパイヴィ、正直に言ってくれ。きみは一生ここにいるつもりか？」当時は2人とも答えを出せなかったが、この質問は、長続きする変化のきっかけになった最初の質問だった。ユハとパイヴィは、自傷行為を繰り返したりしない具合がいいときのパイヴィを「スーパー・パイヴィ」と名づけ、そのスーパー・パイヴィになるためのマニュアルをつくった。パイヴィにとって意味があり、指針を示す質問を、彼女への宿題として書き並べたものだ。それからわずか2カ月後、パイヴィは開放病棟に移った。そして14年後、あらゆる予想に反して——そして、そんな大きな挑戦を最後までやりとおすのは無理だと心配する大学職員の助言にも反して——パイヴィは自身の体験と回復プロセスをもとにした精神疾患とリハビリテーションについての論文で、ヘルシンキ大学の博士論文審査に合格したのだ。[*5]
状況を変えたのは、彼女に挑発的な質問をぶつけたユハの勇気と、彼が彼女を「絶望的な精神病患者」ではなく、まず人間として見てくれたことだったとパイヴィは言う。その後何年もかけて病を治し、回復し、立ち直るために続けた努力と内面的な苦労は、まさに彼女の内なる不屈の強さとシスの証しだが、それはユハが果たした役割の証しでもある。ジェントルパワーで導くリーダーシップには、他者の潜在能力をフルに発揮させる効力があるということだ。この節の見出しを「待っていた自分になる」としたのは、これが理由だ。リーダーならば、ほかの人が名乗り出てくれるのを待っているわけにはいかない。名言にあるように、「私たちが待っているのは私たち自身」だ。

人生は、これと同じように誰かのために扉を開くチャンスを毎日のように与えてくれる。笑顔や思いやりのある言葉、あるいは正直に自分を見つめなおして自己理解と自己受容を深めることでさえ、私たちにはそうした行為がもつパワーの全容はわからないことが多い。「待っていた自分になる」とは、自分の存在が他者に力を与え、信頼と安心感を生み、それぞれのジェントルパワーを見つけられるように導くことができる機会を見逃さないということだ。植物の種には何年も土の中に埋まっていても、気温や水分、養分などの条件が整えば、芽吹いて太陽に向かって伸びる仕組みが組み込まれているのと同じように、私たち一人ひとりがもつ創造力、シス、そしてジェントルパワーも、いつでも成長の機会を探している。パイヴィの話からわかるように、私たちは最も必要としている要素を受け取ったとき、自然に自己修復し、進化する。つまり、魔法が起きるのだ。

ペンシルベニア大学のポジティブ心理学課程の級友の一人に、コンサルティング会社アクセンチュアのオーストラリア・ニュージーランド地域支社の上級役員を務めていたロバート（ボブ）・イーストンがいる。「信頼」をテーマに博士研究をしていたボブがあるとき、ある組織の優秀さは、つまるところ彼が「中間物」と呼ぶ、個人間のつながりのほんの小さな瞬間に帰すると話してくれた。こうしたつながりのもつパワーと、「待っていた自分になる」道を選ぶことで起きる日常的な魔法を忘れているがために、望みどおりの人生を築けない人があまりにも多いと私は思う。第4章で紹介した組織行動学者のジェーン・ダットンは、「私たちは誰もが魔法の杖を持っていて、他者との関わり方を通じて、人間関係の杖を使って他者を幸せにすることができる」と語っている。[*6]

あるとき、私はヘルシンキにある多目的ホール「フィンランディア・ホール」で行われた、企業の役員や人事責任者が集まった会議で講演をした。話の冒頭は、わかりきったひとことで始めた。「私たちはみな、安全と幸せと成功を望んでいます」。そういうものが自分にあるとすれば、それは普通、職場や家庭で意味のある人生を送っているということだ。こうした望ましいものはいたるところに少しずつ存在するが、統計の数字を見ると現実を突きつけられる。**たとえば、アメリカの労働者の83%は仕事に関連するストレスに苦しんでいて、それが年間1900億ドルの医療費支出と12万人の死亡につながっている。**[*7] 誰もが幸せを望んでいるのなら、この数字をどう理解すればいいのだろう？　安全が大事だと思っているなら、なぜ毎年3億人近くもの子どもたちが家庭で暴力を目にするのだろう？[*8] 明らかに何かがおかしい。私たちは哲学や心理学、宗教、そして自分たちの常識から、何がいい人生につながり、何がそうでないかを判断できる知識を学んでいるはずだ。それなら、いったい何が邪魔しているのだろう？

フィンランドを代表する建築家のアルヴァ・アールト（フィンランディア・ホールを設計したのもこの人だ）は、かつてこう語ったことがある。「建築には魅力がなければならない。それは社会における美の一要素だからだ。しかし、本当の美は形状の観念ではなく……社会的なものも少なからず含めたいくつもの内在的要素間の調和の結果だ」[*9]。これは、私がたびたび立ち返っている言葉だ。**豊かさや幸せは、頭のよさや意志の力からは生まれない。それは、人と人とのつながり、つまりあなたと私との「間」で起こることから生まれる。**

子どもの頃、宝探しゲームをしていたとき、地図の上の宝物の在処《ありか》にはいつも「×」

の印がついていた。ジェントルパワーで導くリーダーシップでは、その×印は私自身と私が日々出会うすべての人との間にある。あなたにとっても同じだ。自分と他者との間で錬金術的な化学反応が起きるこの空間にこそ、答えが眠っている。そこは私たちに用意された、鉛を金に変えることができる場所なのだ。

私たちはリーダーとして、柔らかくしなやかにふるまうことが必要なときもあれば、毅然と揺るぎない態度を示さなければならないときもある。ジェントルパワーへの道では、この相反するアプローチを調和させて、そこに関わる全員のためになるような適切な行動を、適切な場面でとる方法を学ぶことを求められる。それを学ぶ道のりは生涯続くが、その道はいつでもすぐ足元にある。「待っていた自分になる」ことをみずから選べば、たやすく見つかるはずだ。

自分に問いかけてみよう

・自分の潜在能力に自分で気づく前に、ほかの誰かに気づかれたことはあるだろうか？　それに気づいてもらったことが、自分に対する見方にどう影響しただろう？　その結果、人生がどう変わっただろう？

・知っている人で、一見そうは見えなくても、実は「錬金術師」かもしれないと思う人はいるだろうか？　シスとジェントルパワーを確かにもっていて、自分のもつ魔法の力と潜在能力に気づかせてあげたいと思う人はいるだろうか？

目指す自分を宣言しよう――ジェントルパワーについての理解を深めるために

私は自分の見識を深めることに辛抱強く取り組みながら、他者に自分の潜在能力や才能に気づかせる機会も探しつづける。そして、ジェントルパワーを使って、つまり正直でありながらも、つねに愛情をもってそれに取り組む。私がここにいるのは、誰かを変えるためではなく、ただ必要に応じて手や肩やはしごを差し出すためだ。私は他者の思考プロセスや潜在能力、情熱を、自分のそれを信じるのと同じように信じる。他者の中にあるパワーと美点を穏やかに受け入れる姿勢でいれば、自分自身の品格ある強さにも触れることができる。

セルフケアとはパワーを取り戻すこと

忙しさを美化し、人並み以上の成功や働きすぎ、利益追求のための抜け駆けを称賛する社会では、自分の幸せを優先しようとするのは怠けている、身勝手だ、集中力がないなどとみなされがちで、そういう見方をする人にとって「セルフケア」というのは口にしてはならない言葉だ。**しかしここでは、セルフケア、つまり自分を大切にすることは、ジェントルパワーで導くリーダーの基本的な資質と位置づける。**この最後のセクションでは、実は魔法のような効果があるいくつかの直接的なセルフケア法を中心に取り上げたい。具体的には、睡眠、栄養、人間関係、そして内面的成長のための日々の習慣だ。こうした習慣はどれも、エネルギー漏れを修復し、心を落ち着かせ、自分が元気になる選択を優先できるようにし、健全なシス――つまり、端的にいえば生きる活力――を使えるようにする効果がある。自分を大切にすれば、人のこともももっと大切にできるようになる。だからこそ、セルフケアはジェントルパワーの基礎なのだ。

では、まずはとても重要な問題の一つ、「睡眠」から始めよう。睡眠はパワーだ。私たちが眠っている間に、体の細胞が再生し、脳内の毒素が排出され、翌日にまた元気に1日を過ごせるように体の組織全体がリセットされる。睡眠が足りないと、認知機能の低下や肥満、その他さまざまな心身の不調を引き起こすと考えられている。最近の研究では、睡眠不足は世界的な問題であり、公衆衛生上の流行病とみなすべきだとされている。[*10]

それなのに、ほとんどの人は休む時間をとることに無頓着だ。私も以前は、1日に4、5時間しか寝なくてもやっていけると周囲に自慢していた。それは名誉の勲章のようなものだった。夜から昼間を盗み取るとか、死から死そのものを盗み取るようなもの（起きているほうが生きている時間が長くなるから、という理屈）だと思っていた。でも、それは完全に間違っていた。プロのスポーツ選手で、大事な大会の前の晩にほとんど眠れなかったと自慢気に言う人がいるだろうか？　ウルトラランナーは普通の人とちょっと違うかもしれないが、そのほとんどは体力の回復にしっかり取り組み、健康状態をつねに記録していることで知られている。生きるエネルギーを回復し維持することは、スキルや努力や才能以上に、高いパフォーマンスや創造性を発揮し、プレッシャーのかかる状況でも明確な判断力と品格を保つためのカギだ。

健康的な日課を決めて、それをしっかり続けることで、セルフケアを高めることは誰にでもできる。その第一歩は十分な睡眠をとること、そして健康的な運動（自然の中で行うとなおいい）と自分に合った食習慣だ。**この3つのセルフケアがまだ確立できていない人は、まずは1週間、睡眠と運動、食事を記録してみよう。**その種のデータを記録してわかりやすく表示できるアプリもあるが、ノートやスケジュール帳に書き留めるだけでも十分だ。睡眠については、夜にベッドに入った時刻と朝起きた時刻、睡眠時間と睡眠の質、そして寝る直前に何をしていたかをメモする。運動については、エクササイズやレクリエーション的な運動をした時間と強度など。食事については、1週間の間に摂取した食品と飲料の種類（水、アルコール類、カフェイン、糖分、加工食品、自然食品など）を記録する。そして何より重要なのは、毎日の朝晩に全体的な気分や活力レベルを記録することだ（たとえば10点満点で評価するなど、数値化するといい）。さらに、その日どんなことがあったかも合わせてメモしておくといいだろう。**このように記録をつけておけば、隠れたパターンを見つけ、自分についての理解を深めるのに役立つ。**

次のステップは、1週間後に記録したデータを評価することだ。何かとりわけ目につくことはあるか、とくにいいと思うのはどんなところか、改善したいところはどこか、睡眠時間やその他のセルフケア活動とその日の気分との間に決まったパターンは見られるかなどを確かめてみよう。**ここでの主眼は、自分の習慣を自覚し、疑問点を洗い出すことだ。**私は以前、睡眠の習慣を1週間記録してみたことがある。1枚の紙に睡眠時間と、その日の気分を笑顔かしかめっ面のイラストで書いていった。シンプルな方法だが、この2つの要素（睡眠時間と気分）に直接的な関係があることに気づいてハッとさせられた。あなたもこれを実践するうちに、自分のパターンをモニターして、心と体の健康に大きな影響を与える小さな改善点を見つけるのはそれほど難しくないことに気づくはずだ。第13章で紹介したシステム知性とは、システムを観察し、フィードバックを得て、その場で少しずつ理にかなった変更を加えて物事の仕組みを改善していくことなのだ。

セルフケアもジェントルパワーと同じように、一つの習慣だ。どんな習慣もそれなりに長く実践を続ければ、必ず身につく。世の中には絶大な効果をうたう健康関連商品の広告があふれているが、高額な料金の自己改善プログラムに申し込んだり、超一流のフィットネストレーナーに人生を預けたり、最新の健康グッズを買い込んだりしなくても、睡眠や運動、食事の習慣にポジティブな変化を加えることはできる。それに、睡眠の習慣を根本的に変えたり、極端な食事制限をしたり、ハードなエクササイズを始めたりしなくても、成長を感じられる充実した日々を送ることはできる。むしろ、極端で激しい活動ばかり繰り返していると、習慣をつけるのに有効だとされているものの、ときに退屈な活動に時間を費やす気がなくなることがある。けれども、そういう地道な活動こそ、続けていれば、新鮮味が消えた頃にはいつまでも消えない習慣が身体に染みついているものだ。最初から高い強度で新しいことを始めたために、続けるのがあまりにも大変で、以前の習慣に戻ってしまった経験がある人は、私も含めて少なくないだろう。**それでなくても、たいていの人は何が自分を生き生きさせ、元気にしてくれるかをすでに（少なくとも直感的には）知っていて、そういうものはだいたい、ごくシンプルなことだったりする。**さらに考えてみれば、自分が何をしたときに疲れきって消耗してしまうかも、たいていの人は知っている。右に紹介したシンプルな記録と分析の方法は、実は自分がもう知っていることをそっと思い出させる手段にすぎないし、ひょっとしたら、失敗してもまたあきらめずに挑戦するのに必要なきっかけにすぎないかもしれない。

セルフケアの日課はきちんと決まっている、あるいは少なくとも、今のところ何とか続けられる程度には健康的な日課だという人もいるかもしれない。**そうだとすれば結構なことだが、そうでない人は、まずは自分に必要そうなことを1つ選んで始めてみよう。**たとえば、これから1週間は最低8時間か9時間の睡眠をとるとか、睡眠の質が上がるように就寝前にスマホを見る時間を制限するとか。私が実践した基本的なことの1つは、スマホを手の届くところに置いておく実際的な理由がなくなるように、昔ながらの目覚まし時計を買ったことだ。とはいえ、昼間はスマホの通知機能を便利に使って、水分や好きな野菜やフルーツをとるのを忘れないようにしたり、間欠断食のタイミングを管理したりするといい。あるいは、長時間のウォーキング（体の状態によってはジョギングやランニングでもいい）を1週間に3回することにして、そのほかに1時間座って仕事を続けたらストレッチを数分間する。または、水分を補給した後やトイレに行った後などに必ず腕立て伏せを何回かするというのでもいい。そういう習慣を決めた上で、長時間パソコンの前に座っていたときや、長いこと運動をしなかったときと比べて体調がどう違うかを振り返ってみよう。

何をすることを選ぶにしても、とくに最初のうちは、必ずシンプルなことにしよう。それが最後までやりとおすためのポイントだ。以前の悪い習慣で失った分を取り戻そうと、つい近道をしたくなるかもしれないが、短期間に多くのことをやりすぎるのは、変化を長続きさせるための効果的な処方箋ではないし、何よりジェントルパワーの習慣を養うという目的に反する。いろんなことを一度に変えるほうが効率的だと思うかもしれないが、意欲的すぎる新年の誓いはだいたい長続きしないものだ。睡眠、運動、食事の中で、今の時点でいちばん重要だと思う分野を1つだけ選ぼう。そして1週間ほど続けてみて、気分や活力レベル、思考の明瞭さ、問題解決能力、創造力などにポジティブな変化があれば、必ず記録しておこう。

人間関係もセルフケアにはとても重要だ。**私はカウンセリングに来るクライアントに、自分がいちばん長時間一緒に過ごすのは誰かに着目して、その人との関係をどう感じているかを正直に考えるように勧めている。**睡眠や運動、栄養と同じように、一般的な経験則は、自分が元気とパワーをもらえることをする機会を増やすということだ。荒れた人間関係に巻き込まれることもときにはあるが、私たちはその相手が自分の成長にとってなくてはならない人だと感じるがゆえに、そんな関係を正当化してしまう。その相手のおかげで自分の心理トリガーがわかり、もっと気をつけたり、改善に取り組んだりする必要があるその部分に働きかけてくれることを、むしろありがたく思うかもしれない。もちろん、これには危険もある。人生を変えるための内なる炎は誰にでも必要だが、その炎が強すぎると、火傷《やけど》をしたり、燃え尽きてしまったりすることもある。人間関係は睡眠時間や水分摂取を管理するほど簡単にはいかないし、それ一つでどんな問題にも対処できる解決策には、少なくとも私は出合ったことがない。**とにかく、自分にいちばん近い人たちに、あなたのやさしい側面と、健全なパワーを発揮する力をどちらも伸ばしてもらえるように最善を尽くすことだ。**そしてもちろん、あなたも相手に対して同じことをする必要がある。

私がニュージーランドに滞在中に、自分自身やセルフケアについて学んだことはほかにもたくさんある。たとえば、それまで自分がどれほど逆境や乱気流のほうに引き寄せられていたかということ。人生を振り返ってみると、私は成長したり何かを学んだりするのに、とてつもなく大きな障害や苦痛を乗り越えなくてはならないのが常だった。まるで、生きていくためには火を吐く竜に定期的に出会う必要があるかのように。トラウマや恐怖心に向き合うときも、友人やパートナーとの仲たがいを解決しようとするときも、世界で起きているもっと大きな混乱に対処しようとするときも、私はその竜のほうにまっすぐ歩いていき、その口に頭を突っ込んで、自分が変わるための宝物はないかと探しまわるくせがあった。勇敢なのは結構なことだが、その勇敢さが理解を深めて成長するための手段ではなく、目的そのものになると、必要以上に苦痛を味わうお決まりのパターンに陥ってしまいかねない。

こうしたやり方は決して悪いことではない。少なくとも短い間は、人生に竜を必要とする人もいる。けれども時間がたつうちに、私はこのやり方が以前ほど自分のためにはならないことに気づきはじめた。考えてみれば、やめたほうがいいとわかっていながら、無駄に竜の口に頭を突っ込んだことも一度ならずあった。私にとって世界が変わったもう一つの出来事は、第5章で紹介した愛着理論の専門家のダイアン・プール・ヘラーのおかげで、自分の愛着スタイルをようやく理解できたことだ。それがわかったことが、行動パターンを切り替える助けになった。**あえて苦しいことを選ぶより、ちょっと試しにという気持ちで、整合とゆとりを大事にすることにした。**今のところはそのほうが自分には合っていて、最近は、引き受ける仕事の種類や、旅行に行く回数、どの人間関係を大切にして時間と気持ちを注ぐかなどあらゆることに——つまり、自分自身をどうリードするかに——その心構えが影響を及ぼしている。大きな夢や目標をもつのを避けているわけではない。ただ、何に取り組むにしても、そこに注ぐエネルギーが変わったということだ。先ほど紹介した『老子道徳経』の一節を思い出してほしい。いわく、「自然は急がずとも、すべてのことを成し遂げる」。人生への全体的な向き合い方を楽なほうに変えることも、セルフケアの一つだ。その結果として、ほかでは得られない恩恵を手にできる可能性がある。

あなたの人生に責任を負うのはあなた自身だ。**選択の自由を広げる手段がどれくらい与えられるかは人によって違っても、誰と一緒に過ごすかや、どうやって学ぶかについては、ほぼ誰にでも選ぶ権利がある。**少なくとも、自分の感情を動かし、行動をうながし、自己対話の原動力になる基本的な考え方は選べるはずだ。そのためには、自分にどんなふうに話しかけるかと、緩みのある部分や考えすぎている部分がないかに注意を向けることが重要になる。たとえば、考えすぎるのがくせになっていて、眠れなくなったり、全体的な心の健康を害したりする人も中にはいる。いつも安定より混乱を好む傾向のある人もいる。それに、とくに職場では安全志向で無難な行動に走るくせのある人もいる。セルフケアとは、自分のそういう部分にもしっかり目を向けることだ。

最後に、セルフケアに関係する大事なポイントとして勧めたいのが、心の静寂や「今、ここ」に存在している感覚を培い、自分より大きな何か（創造主、神、森羅万象、次元の高いもう一人の自分など、何と呼んでもいいが）とつながるための時間をつくることだ。祈り、聖典の暗唱、瞑想、森の中で一人の時間を過ごすなど、どんな形をとるにせよ、この見過ごされがちな人生の側面を毎日のサダナに含めることはとても大事だ。私の場合は、沈黙の時間をとるようにしている。つまり、ただ黙ってそこにいることだ。少なくとも、生活の中に静寂の時間を取り入れる余裕を見つけてほしい。いつでも誰かとつながり、膨大な刺激にさらされつづける世界へと飛躍的に変わりつつある今、静寂は本当に貴重だ。私たちの神経系が絶えずデジタルデータを浴びつづけているということは、人類を何万世代も生かしつづけてくれたこの優れた生存の仕組みが、つねに全力で働いているということだ。カメがときどき頭と足を甲羅の中に引っ込めて身を守るのと同じように、私たちも静寂という心の中の洞窟に身をひそめる時間を習慣にすれば、きっといいことがあるはずだ。

セルフケアは自分にパワーを与える手段だ。

どんな宗教に傾倒しているかに関係なく、瞑想が睡眠、集中力、心の平穏、全体的な心身の健康にいい影響を及ぼすことを示す研究は無数にある。ハーバード大学のサラ・ラザールの研究チームは、瞑想には学習と記憶に関連する脳領域（海馬など）の皮質の厚みを増す効果があることを発見した。[*11] 瞑想が有効な理由の一つは、デフォルト・モード・ネットワーク（DMN）と呼ばれる脳の活動を減らし、意識を「今、ここ」に戻す作用があることだ。DMNでは、意識のさまよいや思考の反芻《はんすう》が起こる。いわゆる「注意散漫」の状態で、たいていの人は経験があるはずだ。人間の意識は次々に別のことに飛び移りたがるものだが、そういう騒乱状態があまりにも長く続くと、気が短くなり、集中力を失い、不満が募るようになる。けれどもありがたいことに、瞑想は静寂を取り戻すために誰でも簡単に使える手段だ。10日間の瞑想プログラムに参加しようと山奥の静かなリトリート施設までわざわざ行く必要はないし、やりたくもないのにヒンドゥー教の108の女神の名前を唱える必要もない。毎日10分から20分の瞑想を日課にして続けるだけでも、とても大きな効果があることを示す研究もある。

セルフケアは自分にパワーを与える手段だ。自分の幸せを気づかうことで、体と心に蓄えられるエネルギーが格段に増え、世界がどんな変化球を投げてきても対処できる。**人生が自分の手から離れていくような気がすることは、誰にでもありうる。セルフケアは、そういうときに自分で道を決められる力を高める方法だ。**だから、十分な睡眠をとり、効果のある健康的な方法で運動をし、自分の体質に合った食習慣を実践し、心を豊かにする人間関係を楽しみ、誰でも味わう権利のある深い静寂と平穏に浸れるように、できることから始めよう。

自分に問いかけてみよう

・セルフケアに関して、私にとって譲れないことは何だろう？　睡眠、運動、休息、栄養、人間関係、内面的成長のための習慣に関して、自分には何が必要だろう？

・幸せと調和を本当の意味で優先したとき、人生の何が変わるだろう？

・何かを頼まれたとき、引き受けるかどうか迷ったとしよう。義務感や人に気に入られたいという気持ちより、整合をとることと正直であることを優先したら、どうなるだろう？

目指す自分を宣言しよう――セルフケアを通じてジェントルパワーを培うために

私は大切な存在であって、私の幸せは大事な問題だ。私は自分が自分を大切にするパワーをもっていると信じる。私がここにいるのは、人生をできるかぎり存分に味わうためにほかならない。私は忙しさを美化するのをやめ、ゆとりと調和を大事にして生きられるようにペースを落とす余地をつくる。私はセルフケアに関して譲れない習慣を守り、確固とした境界線を保ちながら、それを強さとやさしさをもって相手に伝える。私は自分を大切にすることを全面的に許されていて、成功の代償として苦痛を受け入れることはもうしない。

おわりに

私は目の前の道を見つめている。曲がりくねった長い道が、私に呼びかけてくる。私がその道を選んだのではなく、道が私を選んだのだ。私は時間と空間と経験を経て、まだほとんど理解できていない目的を成就するためにここに連れてこられた。2400キロを走破した後には、もっと賢くなり、恐怖心が減り、地に足がついているかもしれない。でも今必要なのは、心に疑問を抱えたままでも平気で走れるようになることだ。

2016年7月14日

ちょうど本書の執筆を終えたとき、私は右の一節を日記アプリの中に見つけた。「#wayofgentlepower」（ジェントルパワーの道）というタグをつけた最初の書き込みだ。その頃はまだ、本書を書くことになるとは思ってもいなかった。生活のすべてが、シスについての研究と講演活動を中心に回っていたからだ。過去の傷跡の痛みをまだ抱えていて、しなやかさはシスよりも強いことを理解して穏やかな生活を取り戻すことができずにいた。今以上に、完璧さより「今、ここにあること」を優先することを学んでいる途中だった。

振り返ってみれば、この書き込みは「柔らかな強さ」を学ぶのに役立った多くのメッセージの一つだった。強制的な圧力にとらわれず、好奇心を刺激する言葉だ。たとえ立派な目標——リーダーシップを変革するとか、世界をよりよい場所にするとか——をもっていたとしても、具体的な目標やスケジュールを手放すことには意味がある。命令で花を開かせたり鳥を鳴かせたりはできないのと同じように、ジェントルパワーは無理強いできない。ジェントルパワーが無理強いされることは絶対にない。

私がまず学ばなくてはならなかったのは、走るときも、歩くときも、黙って座っているときも、自分の人生にあるすべての疑問と不確実さ、不完全さを愛することだ。今でもそういうふうにして、自分の歩く道のりそのものに穏やかな充足感を見つけるようにしている。疑問への答えはやがて切迫したものではなくなり、重要ですらなくなっていく。結局は、ペースを落とすことを学び、力いっぱいつかもうとする手を放すことに尽きる気がする。道を覆う砂利を素足で感じること——つまり、今、この瞬間をありのままに感じることが、目的そのものなのだ。こういう変化は少しずつ段階的に起きるので、最初は何もないように思えるが、時がたつにつれて、まったく新しい現実へと変わっていく。

私たちが知る世界は、政治、社会、医療、環境、技術など、人間の生活に関わるさまざまな分野で起きている変容の影響を受けて、歪《ひず》みが生じている。まさに緊急事態ともいえる状況だが、それは、既知の現実の限界を探るまたとないチャンスでもある。スポーツや社会活動、子育て、内なる気づきなど何であれ、私たちが誠実に善意をもって人生に関わりつづけるかぎり、未来への希望は必ずある。

シスは、自覚している自分の能力の限界に達したときに引き出される隠れた強さだ。目盛りが限界を超えるかどうかの瀬戸際で、次に吸い込む一息、踏み出す一歩、刻む鼓動、あるいは不可能と思える行動だ。地球規模の難題を乗り越えるには、シスとシステム知性のどちらかだけでは不十分だが、この2つを組み合わせて、それをジェントルパワーでくるむことができれば、誠実さを原動力とした不屈の強さの連鎖が生まれ、私たちを前に進めてくれるはずだ。

人類という家族には、約80億人のリーダーがいる。その一人ひとりが、いま世界が求めている全体としての変容に重要な役割を果たす。その変容はすべて、一人ひとりの心、一人ひとりのジェントルパワーから始まる。周囲を見回してみよう——あなたは一人ではない。見下ろせば、地球があなたを支えている。見上げれば、限りない空と魔法の世界が広がっている。そして自分の内面を見つめれば、そこにすべてのカギが眠っている。

謝辞

17世紀イギリスの自然哲学者アイザック・ニュートンの言葉を借りるなら、あなたが本書の中に隠れたダイヤモンドを見つけたとすれば、それは私が「巨人の肩の上に立っている」からだ。その（やさしい）巨人たちにはあらゆる世界にいる人々が含まれるので、ここに全員のお名前をあげることはとてもできない。たとえば、ニューヨークの混雑した交差点で出会ったホームレスの男性ジョンもその一人だ。彼は人生を信じる気持ちが表れた、こちらも思わず微笑んでしまうような笑顔で、ジェントルパワーのもつ力を教えてくれた。それから、何気ない会話を通して陰陽の基本的な性質を学ばせてくれた中国の地元の人々やカンフーの師匠、フィンランドにいる両親、ご指導をいただいた学界・武道界・宗教界の諸氏。そして、実際に会うことはなかったが、ウィリアム・ジェームズやエティ・ヒレスムなど人間の内なる強さを深く理解していた先人たちにも、ぜひ教えを受けてみたかった。とはいえ、ここではその思想やご支援、あるいは生き方そのものが、本書に生命を吹き込むための私の旅路に大きな影響を与えた多くの実在の「錬金術師」たちのお名前をあげて、感謝の意を表したい。

素晴らしい編集者のロバート・リー氏は、どこまでも私を理解してくださった。出版社サウンズ・トゥルーのダイアナ・ヴェンティミリア、サハル・アル＝ーマ、ミッチェル・クルート、ローレン・シュミド、タミ・サイモンの各氏は、私に想像できるかぎり最高に居心地のいい家を本書のために用意してくださった。デザインチームは日本の伝統工芸「金継ぎ」に着想を得て、見るたびに胸がふるえる壮麗な表紙をデザインしてくださった。頭の切れるフィンランド人の著作権代理人エリナ・アールバック氏とそのチームの皆さんは、熱意をもって仕事に当たってくださった。リーア・ライアンズ氏には、本書の企画段階で貴重なご助力をいただいた。

私のメンターであり「特別指導教官」でもあるエサ・サーリネン教授と奥様のピプサには、その愛情と今も続くご指導に愛を込めて感謝を。ラウリ・ヤルヴィレート、フランク・マルテラ、アンジェラ・ダックワース、マーティン・セリグマン、ジェームズ・パヴェルスキー、エマ・セッパラ、スコット・バリー・カウフマンの各氏については、その存在そのものと励ましとご好意のおかげで、研究の初期段階で前に進むことができた。今も変わらず私を導いてくださる存在だ。アーロン・ヤルデン、シェリ・フィッシャー、リサ・サムソン、リオナ・ブランドウィン、キャスリン・H・ブリットン、キャリン・ロッカインド、ロバート・イーストンの各氏にも、研究を進める上でご支援とご好意をいただいた。

母・エリサと父・ペルティ、ハンネレ・カタヤマキとエイヤ・ラハティは、ずっと私を温かく見守り、変わらぬ愛情を注いでくれた。魅力的なご夫妻のウッコ・カルカイネンとインケリ・カルカイネン、マリア・ヤイン、ヨハンナ・マティッカ、リトヴァ・エナコスキ、サード・アライユビ、マリエラ・クライナー、ロセッラ・ムナフォ、ジョージア・シュリーヴ、ジャヌル・ヤサ、アンナ・エミリア・パヤリ、パウラ・マケラ、ソルヴェイ・ハンナス、ペテル・ケンッタ、ラウリ・ピエティナルホの各氏は、模範となり、友情を示し、私のささやかなジェントルパワーへの旅に大きな役割を果たしてくださった。

アスタ・ラーミ、アニカ・リヒテンベルク、アナスティーナ・ヒンツァ、パメラ・プラザー、レオ・パックー、ダグラス・ロビン、エイドリアン・ブラックウッド、スーザン・ブラックウッド、カイサ・カルカイネン、ウルリカ・ビョルクスタム、イダ・ティリカイネンとは刺激的な会話をたびたび交わし、たくさんの感化を与えていただいた。ルイス・アローロ、ヘレン・ツィム、ハンター・レイノルズ、ケヴィン・アドラー、ジャン＝フランソワ・ルイズ、ネッリ・ソーガー、そして故人のステファン・

ルブランとハリー・ガードナーが与えてくれた友情と影響は私にとって、よりよい問いを立て、より多くの答えを見つけるためのかけがえのない指針となった。

外山健太郎、ジェーン・ダットン、ディーン・カーナゼス、ノルマ・バスティダス、シンディ・メイソン、ライモ・ハマライネン、リック・スミス、イルマリ・マータネン、ペンティ・ヘントネン、ユリウス・ヴァリアホ、ポーラ・リード、パイヴィ・リッサネン、ニコ・ローズ、トラヴィス・ミルマン、ロバート・ナドー師範、リチャード・ムーン先生、RJ・シン、ロック・ル・ヴァン、ティム・ロマス、トッド・カシュダンの各氏の知見と業績は、本書のためのリサーチを進める上で大きな力になった。

魅力あふれるミーナ・ホルダーとジェームズ・ホルダー、ニコラ・ウッドワードとパーシー・マクドナルド、コラートとソーニャのマイルズ夫妻と息子のインディゴ、ジャネル・フレッチャー、エイミー・ウィロビー、ヴィクトリア・ジャック、マンディ・リーヴ、ジャップ・ブラウン、リン・ブラウンとロニー・ブラウン、ベリンダ・ジェーン、リアン・フジタ＝アーメッド、ラミーズ・アーメッド、ジェームズ・マリオット、イルジ・ヤニク、AJ・ウィリアムズ、アムリタ・エス、チェイス・フレミング、ペトラ・ナイランド、ベン・バーコウィッツ、マックス・バーコウィッツの各氏は、ニュージーランドで新たな境地へと踏み出そうとする私を愛ある行動で見守ってくださった。

ここ何年もの間に、シスとジェントルパワーに関わる経験談を話してくださったすべての「シスっぽい」方々、さまざまな思いも寄らないことに出合いながらも光を手放さず、今も道を照らしてくれている私の素敵な兄弟姉妹、そして「ジェントルパワーの道」に共感してくださるすべての方々にも、心から感謝している。

私たちが手を携え、心を合わせれば、美しい世界のための揺るぎない基礎を築くことができる。それを最優先の課題にすれば、私たちの世代のうちにできるはずだ。旅はこれからも続いていく！

参考文献

著者が大いに触発された書籍を以下に紹介する。〔既刊の邦訳があるものは、その書名等を併記している。〕

Marcus Aurelius Antoninus: *The Meditations of the Emperor Marcus Aurelius Antoninus*〔マルクス・アウレリウス／鈴木照雄訳『自省録』講談社学術文庫，2006 年ほか〕

Jason Digges: *Conflict = Energy: The Transformative Practice of Authentic Relating*

Adam Grant: *Give and Take: Why Helping Others Drives Our Success*〔アダム・グラント／楠木建監訳『GIVE & TAKE「与える人」こそ成功する時代』三笠書房，2014 年〕

Raimo P. Hämäläinen and Esa Saarinen (eds.): *Systems Intelligence in Leadership and Everyday Life*

David R. Hawkins: *Power vs. Force: The Hidden Determinants of Human Behavior*〔デヴィッド・R・ホーキンズ／エハン・デラヴィ，愛知ソニア訳『パワーか、フォースか：人間の行動様式の隠された決定要因（改訂版）』ナチュラルスピリット，2018 年〕

William James: *The Energies of Men*

Todd B. Kashdan: *The Art of Insubordination: How to Dissent and Defy Effectively*

Scott Barry Kaufman: *Transcend: The New Science of Self-Actualization*

Diane Poole Heller: *The Power of Attachment: How to Create Deep and Lasting Intimate Relationships*

Emma Seppälä: *The Happiness Track: How to Apply the Science of Happiness to Accelerate Your Success*〔エマ・セッパラ／高橋佳奈子訳『自分を大事にする人がうまくいく：スタンフォードの最新「成功学」講義』大和書房，2017 年〕

Richard Strozzi-Heckler: *The Art of Somatic Coaching: Embodying Skillful Action, Wisdom, and Compassion*

Lao Tzu: *Tao Te Ching*〔老子［原著］／蜂屋邦夫訳注『老子』岩波文庫，2008 年ほか〕

Systems Intelligence (Helsinki, Finland: CreateSpace Independent Publishing Platform, 2014).
＊8 Esa Saarinen and Raimo. P. Hämäläinen, eds. *Systems Intelligence: Discovering a Hidden Competence in Human Action and Organizational Life*, Helsinki University of Technology, Systems Analysis Laboratory, Research Reports A88, October 2004.
＊9 John M. Gottman, et al., *Mathematics of Marriage: Dynamic Nonlinear Models* (Cambridge, MA: The MIT Press/A Bradford Book, 2002), 88.
＊10 Rick Hanson, "How to Grow the Good in Your Brain," *Berkeley Greater Good Magazine* (blog), September 24, 2013, greatergood.berkeley.edu/article/item/how_to_grow_the_good_in_your_brain.
＊11 Hämäläinen and Saarinen, "Systems Intelligent Leadership."
＊12 Peter Senge, "Systems Thinking for a Better World," Aalto Systems Forum, 2014, video, youtube.com/watch?v=0QtQqZ6Q5-o.
＊13 James E. M. Watson, et al., "Catastrophic Declines in Wilderness Areas Undermine Global Environment Targets," *Current Biology* 26, no. 21 (2016): 2929-2934, doi.org/10.1016/j.cub.2016.08.049.
＊14 Hämäläinen and Saarinen, "Systems Intelligent Leadership."

第 14 章 「やさしさ」の錬金術

＊1 Alice Calaprice, *The Ultimate Quotable Einstein* (Princeton, NJ: Princeton University Press, 2011)〔旧版邦訳：アリス・カラプリス編／林一・林大訳『アインシュタインは語る 増補新版』大月書店，2006 年〕.
＊2 Lao Tzu, *Tao Te Ching*, trans. James Legge, Sacred Books of the East, vol 39, 1891. sacred-texts.com/tao/taote.htm〔蜂屋訳注『老子』岩波文庫ほか〕.
＊3 ディーン・カーナゼス氏との 2021 年 10 月 22 日の e メールによるインタビュー.
＊4 Kate Carter, "Ultra-Distance Runner Damian Hall on Setting a New Record: 'I Recommend a Daily Sob,'" *The Guardian*, June 7, 2016, the guardian.com/lifeandstyle/the-running-blog/2016/jun/07/damian-hall-new record-i-recommend-a-daily-sob-south-west-coast-path-swcp.
＊5 パイヴィ・リッサネン氏との 2021 年 9 月 9 日の電話インタビュー; Päivi Rissanen, "A Hopeless Case? An Autoethnography of Getting Mentally Ill and Re-habilitation of It," 2015, unpublished doctoral dissertation, University of Helsinki, helda.helsinki.fi/handle/10138/157106?locale-attribute=en.
＊6 Adam Grant, "We Don't Have to Fight Loneliness Alone," WorkLife with Adam Grant (podcast), April 2020, ted.com/talks/worklife_with_adam_grant_we_don_t_have_to_fight_lonliness_alone.
＊7 The American Institute of Stress, "42 Worrying Workplace Stress Statistics," September 25, 2019, stress.org/42-worrying-workplace-stress-statistics.
＊8 Infographics, DomesticShelters.org, domesticshelters.org/resources/statistics#.V2cn0eYrK35.
＊9 Design Within Reach, "Alvar Aalto," dwr.com/designer-alvar-aalto?lang=en_US.
＊10 V. K. Chattu, et al., "The Global Problem of Insufficient Sleep and Its Serious Public Health Implications," *Healthcare* 7, no. 1 (2018): 1, doi.org/10.3390/healthcare7010001.
＊11 B. K. Hölzel, et al., "Mindfulness Practice Leads to Increases in Regional Brain Gray Matter Density," *Psychiatry Research* 191, no. 1 (2011): 36-43, doi.org/10.1016/j.pscychresns.2010.08.006.

第5部　日常生活から変える

第12章　サダナ——すべての人に必要な日々の実践

＊1　Esther Hillesum, *The Letters and Diaries of Etty Hillesum, 1941-1943*, trans. Arnold J. Pomerans and ed. Klaas A. D. Smelik (Grand Rapids, MI: William B. Eerdmans Publishing Company, 1986)〔ヒレスム『エロスと神と収容所：エティの日記』〕.

＊2　William James, "The Energies of Men," *Science* 25, no. 635 (1907).

＊3　Philippa Lally, et al., "How Are Habits Formed: Modelling Habit Formation in the Real World," *European Journal of Social Psychology* 40 (2010): 998-1009.

＊4　John R. Hayes, "Cognitive Processes in Creativity, Occasional Paper No. 18," in *Handbook of Creativity, Assessment, Research, and Theory*, eds. John A. Glover, Royce R. Ronning, and Cecil R. Reynolds (New York: Plenum Publishing Corporation, 1989).

＊5　K. A. Ericsson, R. T. Krampe, and C. Tesch-Tomer, "The Role of Deliberate Practice in the Acquisition of Expert Performance," *Psychological Review* 100, no. 3 (1993): 363-406.

＊6　Juliette Tocino-Smith, "What Is Eustress? A Look at the Psychology and Benefits," *PositivePsychology.com* (blog), January 15, 2019, positivepsychology.com/what-is-eustress/.

＊7　Julie A. Markham and William T. Greenough, "Experience-Driven Brain Plasticity: Beyond the Synapse," *Neuron Glia Biology* 1, no. 4 (2004): 351-363, doi.org/10.1017/s1740925x05000219.

＊8　Rick Hanson, "How to Grow the Good in Your Brain," *Berkeley Greater Good Magazine* (blog), September 24, 2013, greatergood.berkeley.edu/article/item/how_to_grow_the_good_in_your_brain.

＊9　L. Petrosini, et al., "On Whether the Environmental Enrichment May Provide Cognitive and Brain Reserves," *Brain Research Reviews* 61, no. 2 (October 2009): 221-239, doi.org/10.1016/j.brainresrev.2009.07.002; Jeffrey M. Schwartz and Sharon Begley, *The Mind and the Brain: Neuroplasticity and the Power of Mental Force* (New York: Regan Books/Harper Collins Publishers, 2002)〔ジェフリー・M・シュウォーツ，シャロン・ベグレイ／吉田利子訳『心が脳を変える：脳科学と「心の力」』サンマーク出版，2004年〕.

＊10　Schwartz and Begley, *The Mind and the Brain*〔シュウォーツ，ベグレイ『心が脳を変える』〕.

第13章　思考パターンは変えられる

＊1　Anne Dufourmantelle, *The Power of Gentleness: Meditations on the Risk of Living*.

＊2　David Bohm and Mark Edwards, *Changing Consciousness: Exploring the Hidden Source of Social, Political, and Environmental Crises Facing Our World* (New York: Harper, 1991).

＊3　Edward O. Wilson, *The Social Conquest of Earth* (New York: Liveright, 2012)〔エドワード・O・ウィルソン／斉藤隆央訳『人類はどこから来て、どこへ行くのか』化学同人，2013年〕.

＊4　Karen Golden-Biddle, "Create Micro-Moves for Organizational Change," in *How to Be a Positive Leader: Small Actions, Big Impact*, eds. J. E. Dutton and G. M. Spreitzer (San Francisco, CA: Berrett-Koehler, 2014).

＊5　Martha S. Feldman and Anne Khademian, "Empowerment and Cascading Vitality," in *Positive Organizational Scholarship*, eds. K. S. Cameron, J. E. Dutton, and R. E. Quinn (San Francisco, CA: Berrett-Koehler, 2003): 343-358.

＊6　Raimo. P. Hämäläinen and Esa Saarinen, "Systems Intelligent Leadership," in *Systems Intelligence in Leadership and Everyday Life*, eds. R. P. Hämäläinen and E. Saarinen (Espoo, Finland: Systems Analysis Laboratory, Helsinki University of Technology, 2007).

＊7　Raimo. Hämäläinen, Rachel Jones, and Esa Saarinen, *Being Better Better: Living with*

Basis of a 'Pedagogy of Care and Attention,'" in *Reading Etty Hillesum in Context: Writings, Life, and Influences of a Visionary Author*, eds. Klaas Smelik, Gerrit Van Oord, and Jurjen Wiersma (Amsterdam, Netherlands: Amsterdam University Press, 2018).

＊4 David R. Hawkins, *Power vs. Force: The Hidden Determinants of Human Behavior* (London, UK: Hay House, 2014), 133〔ホーキンズ『パワーか、フォースか：人間の行動様式の隠された決定要因』, 181 ページ〕.

＊5 Susan Perry, *Remembering O-Sensei: Living and Training with Morihei Ueshiba, Founder of Aikido* (Boston, MA: Shambhala Publications, 2002).

＊6 Lao Tzu, *Tao Te Ching*, trans. James Lagge, Sacred Books of the East, vol 39, 1891. sacred-texts.com/ta/taote.htm〔蜂屋訳注『老子』岩波文庫ほか〕.

＊7 Martin Luther King, Jr., *Where Do We Go from Here: Chaos or Community?* (Boston, MA: Beacon Press, 1967), 38〔キング『黒人の進む道：世界は一つの屋根のもとに』40 ページ〕.

＊8 Barbara L. Fredrickson, "Love: Positivity Resonance as a Fresh, Evidence-Based Perspective on an Age-Old Topic," in *Handbook of Emotions*, 4th ed., eds. L. F. Barret, M. Lewis, and J. M. Haviland (New York: Guilford Press, 2016), 847-858.

＊9 M. Ueshiba, *The Art of Peace*, trans. John Stevens (Boston, MA: Shambhala Publications, 1992), 45.

＊10 Daniele Bolelli, *On the Warrior's Path: Philosophy, Fighting, and Martial Arts Mythology*, 2nd ed. (Berkeley, CA: Blue Snake Books, 2008).

＊11 Hillesum, *The Letters and Diaries of Etty Hillesum, 1941-1943*, 535〔ヒレスム『エロスと神と収容所：エティの日記』321 ページ〕.

第 10 章　自尊心の扱い方

＊1 Carl Jung, *C. G. Jung Letters, Volume I, 1906-1950*, eds. Gerhard Adler and Aniela Jaffé (New York: Routledge, 1973), 33.

＊2 Oriah Mountaindreamer, *The Invitation* (San Fransisco, CA: HarperOne, 1999)〔オーリア・マウンテン・ドリーマー／小沢瑞穂訳『ただ、それだけ』サンマーク出版, 2001 年〕.

第 11 章　社会が必要とする「やさしさ」

＊1 Charlie Chaplin, *The Great Dictator* (Charles Chaplin Film Corporation, 1940)〔映画『独裁者』チャールズ・チャップリン監督・脚本, 1940 年〕.

＊2 J. H. Fowler and Nicholas. A. Christakis, "Dynamic Spread of Happiness in a Large Social Network: Longitudinal Analysis Over 20 Years in the Framingham Heart Study," *BMJ* 337 (December 3, 2008): a2338, doi.org/10.1136/bmj.a2338.

＊3 外山健太郎氏との 2021 年 9 月 21 日の電話インタビュー.

＊4 シンディ・メイソン氏からの 2021 年 10 月 15 日付 e メール.

＊5 Jeremy Heimans and Henry Timms, *New Power: How Anyone Can Persuade, Mobilize, and Succeed in Our Chaotic, Connected Age* (New York: Doubleday, 2018)〔ジェレミー・ハイマンズ, ヘンリー・ティムズ／神崎朗子訳『NEW POWER：これからの世界の「新しい力」を手に入れろ』ダイヤモンド社, 2018 年〕.

＊6 I. Grossmann, B. K. Sahdra, and J. Ciarrochi, "A Heart and a Mind: Self-Distancing Facilitates the Association Between Heart Rate Variability, and Wise Reasoning," *Frontiers in Behavioral Neuroscience* 10 (2016), doi.org/10.3389/fnbeh.2016/00068.

＊7 Thea von Harbou, *Metropolis*, directed by Fritz Lang (Germany: UFA, 1927), imdb.com/title/tt0017136/〔映画『メトロポリス』フリッツ・ラング監督・脚本, テア・フォン・ハルボウ脚本, 1927 年〕.

＊17 George Gilbert Ramsay, *Juvenial and Persius* (New York: G. P. Putnam's Sons, 1920)〔ペルシウス，ユウェナーリス作／国原吉之助訳『ローマ諷刺詩集』岩波文庫，2012 年〕.
＊18 A. A. Kousoulis, et al., "From the 'Hungry Acid' to Pepsinogen: A Journey Through Time in Quest for the Stomach's Secretion," *Annals of Gastroenterology* 25, no. 2 (2012), 119-122.
＊19 T. G. Dinan, et al., "Collective Unconscious: How Gut Microbes Shape Human Behavior," *Journal of Psychiatric Research* 63 (2015): 1-9; J. A. Foster, L. Rinaman, and J. F. Cryan, "Stress and the Gut-Brain Axis: Regulation by the Microbiome," *Neurobiology of Stress* 7 (2017): 124-136, doi.org/10.1016/j.ynstr.2017.03.001.
＊20 P. Bercik, et al., "The Intestinal Microbiota Affect Central Levels of Brain-Derived Neurotropic Factor and Behavior in Mice," *Gastroenterology* 141, no. 2 (2011): 599-609.e1-3; J. A. Bravo, et al., "Ingestion of Lactobacillus Strain Regulates Emotional Behavior and Central GABA Receptor Expression in a Mouse via the Vagus Nerve," *Proceedings of the National Academy of Sciences* 108, no. 38 (2011): 16050-16055.
＊21 Bercik, et al., "The Intestinal Microbiota Affect Central Levels of Brain-Derived Neurotropic Factor and Behavior in Mice."
＊22 D.-W. Kang, et al., "Microbiota Transfer Therapy Alters Gut Ecosystem and Improves Gastrointestinal and Autism Symptoms: An Open-Label Study," *Microbiome* 5, no. 1 (2017): 10.
＊23 Lorena Lobo, et al., "The History and Philosophy of Ecological Psychology," *Frontiers in Psychology* 9 (November 27, 2018), doi.org/10.3389/fpsyg.2018.02228.
＊24 A. D. Wilson and S. Golonka, "Embodied Cognition Is Not What You Think It Is," *Frontiers in Psychology* 4, no. 58 (2013): 1-13, doi.org/10.3389/fpsyg.2013.00058.
＊25 Jackie D. Wood, "Enteric Nervous System: Brain-in-the-Gut," in *Physiology of the Gastrointestinal Tract*, 6th ed., ed. H. M. Said (Cambridge, MA: Academic Press, 2018), 361-372, doi.org/10.1016/B978-0-12-809954-4.00015-3.

第 8 章　有害な「強さ」

＊1 Jalal al-Din Rumi, *The Essential Rumi*, trans. Coleman Barks (San Francisco, CA: Harper), 174〔ルーミー（英訳：コールマン・バークス）／坪野圭介訳「鳥の翼」コーシン・ペイリー・エリソン，マット・ワインガスト編／小森康永ほか訳『人生の終わりに学ぶ観想の智恵：死の床で目覚めよという声を聞く』北大路書房，2020 年，291 ページ〕.
＊2 Scott Barry Kaufman, *Transcend: The New Science of Self-Actualization* (New York: TarcherPerigee, 2020), xxv.
＊3 P. Henttonen, et al., "A Measure for Assessment of Beneficial and Harmful Fortitude: Development and Initial Validation of the Sisu Scale," *PsyArXiv*, January 25, 2022, doi.org/10.31234/osf.io/7nptw.

第 4 部　やさしさの性質

第 9 章　強さを知り、柔らかく生きる

＊1 Bruce R. Linnell, trans., *Dao De Jing: A Minimalist Translation* (Project Gutenberg eBook, 2015), gutenberg.org/files/49965/49965-h/49965-h.htm〔蜂屋訳注『老子』岩波文庫ほか〕.
＊2 Esther Hillesum, *The Letters and Diaries of Etty Hillesum, 1941-1943*, trans. Arnold J. Pomerans and ed. Klaas A. D. Smelik (Grand Rapids, MI: William B. Eerdmans Publishing Company, 1986)〔エティ・ヒレスム／大社淑子訳『エロスと神と収容所：エティの日記』朝日選書，1986 年〕.
＊3 Anna Aluffi Pentinini, "A Woman's All-Embracing Search of 'the Other': Etty Hillesum as the

情念論』中公文庫，1974 年ほか〕.
＊5 Marcus Aurelius Antoninus, *The Meditations of the Emperor Marcus Aurelius Antoninus*, trans. George Long (New York: The Chesterfield Society, 1862)〔アウレリウス『自省録』〕.
＊6 Richard G. Tedeschi, et al., *Posttraumatic Growth: Theory, Research, and Applications* (New York: Routledge, 2018).

第 7 章　粘り強さ、行動マインドセット、強さ

＊1 Emily Dickinson, "A Death Blow Is a Life Blow to Some," 1866, enlwikisource.org/wiki/A_Death_blow_is_a_Life_blow_to_Some〔岡隆夫訳「死の一撃は生の一撃（816 番）」新倉俊一訳編『ディキンスン詩集（海外詩文庫 2）』思潮社，1993 年〕.
＊2 Emilia Elizabert Lahti, "Embodied Fortitude: An Introduction to the Finnish Construct of Sisu," *International Journal of Wellbeing* 9, no. 1 (2019): 61-82, doi.org/10.5502/ijw.v9i1.672.
＊3 A. Pollo, E. Carlino, and F. Benedetti, "The Top-Down Influence of Ergogenic Placebos on Muscle Work and Fatigue," *The European Journal of Neuroscience* 28, no. 2 (2008): 379-388, doi.org/10.1111/j.1460-9568.2008.06344.x.
＊4 V. R. Clark, et al. "Placebo Effect of Carbohydrate Feedings During a 40-km Cycling Time Trial," *Medicine and Science on Sports and Exercise* 32, no. 9 (2000): 1642-1647, doi.org/10.1097/00005768-200009000-00019.
＊5 Antonella Pollo, et al., "Placebo Mechanisms Across Different Conditions: From the Clinical Setting to Physical Performance," *Philosophical Transactions of the Royal Society of London. Series B* 366 (2011): 1790-1798, doi.org/10.1098/rstb.2010.0381.
＊6 Angela Duckworth and James J. Gross, "Self-Control and Grit: Related but Separable Determinants of Success," *Current Directions in Psychological Science* 23, no. 5 (2014): 319-325, doi.org/10.1177/0963721414541462.
＊7 P. Carroll and J. A. Shepperd, "Preparedness, Mental Simulations, and Future Outlooks," in *Handbook of Imagination and Mental Simulation*, eds. K. D. Markman, W. M. P. Klien, and J. A. Suhr (New York: Psychology Press, 2009), 425-440.
＊8 V. Job, et al., "Implicit Theories About Willpower Predict Self-Regulation and Grades in Everyday Life," *Journal of Personality and Social Psychology* 108, no. 4 (2015): 637-647, doi.org/10.1037/pspp0000014.
＊9 R. Rosenthal and L. Jacobson, *Pygmalion in the Classroom: Teacher Expectation and Pupils' Intellectual Development* (New York: Holt, Rinehart, and Winston, 1968).
＊10 R. Rosenthal and E. Y. Babad, "Pygmalion in the Gymnasium," *Educational Leadership* 43, no. 1 (1985): 36-39.
＊11 V. Job, C. S. Dweck, and G. M. Walton, "Ego Depletion--Is It All in Your Head? Implicit Theories About Willpower Affect Self-Regulation," *Psychological Science* 21, no. 11 (2010): 1686-1693, doi.org/10.1177/0956797610384745.
＊12 Albert Camus, "A Return to Tipisa," in *Lyrical and Critical Essays*, ed. Philip Thody and trans. Ellen Conroy Kennedy (New York: Vintage Books, 1970)〔「チパサへ帰る」アルベェル・カミュ／窪田啓作訳『夏（一時間文庫）』新潮社，1955 年〕.
＊13 Peter A. Levine, *Waking the Tiger: Healing Trauma* (Berkeley, CA: North Atlantic Books, 1997)〔リヴァイン『心と身体をつなぐトラウマ・セラピー』〕.
＊14 Thomas Hanna, "What Is Somatics?" Clinical Somatics, somatics.org/library/htl-wis1.
＊15 Marcus Aurelius, *The Meditations of the Emperor Marcus Aurelius Antoninus*, trans. George Long (New York: The Chesterfield Society, 1862)〔アウレリウス『自省録』〕.
＊16 Maija Länsimäki, "Suomalaista Sisua [Finnish Sisu]," March 11, 2003, *Helsingin Sanomat*.

＊20 Barbara L. Fredrickson, “What Good Are Positive Emotions?” *Review of General Psychology* 2, no. 3 (September 1, 1998): 300-319, doi.org/10.1037/1089-2680.2.3.300.
＊21 Julie Ray, “Americans' Stress, Worry, and Anger Intensified in 2018,” Gallup, April 25, 2019, news.gallup.com/poll/249098/americans-stress-worry-anger-intensified-2018.aspx.
＊22 The American Institute of Stress, “Workplace Stress,” stress.org/workplace-stress; Korn Ferry, “Worried Workers: Korn Ferry Survey Finds Professionals Are More Stressed Out at Work Today Than 5 Years Ago,” November 8, 2018, kornferry.com/about-us/press/worried-workers-korn-ferry-survey-finds-professionals-are-more-stressed-out-at-work-today-than-5-years-ago.
＊23 American Psychological Association, “Stress in the Workplace Survey Summary,” PowerPoint presentation, March 2011, apa.org/news/press/releases/phwa-survey-summary.pdf.
＊24 Jane E. Dutton, “Fostering High Quality Connections Through Respectful Engagement,” *Stanford Social Innovation Review* (Winter 2003): 54-57, reseachgate.net/publication/262725459_The_Power_of_High_Quality_Connections.
＊25 Dutton, “Fostering High Quality Connections Through Respectful Engagement.”
＊26 Jane. E. Dutton and Emily D. Heaphy, “The Power of High-Quality Connections,” in *Positive Organizational Scholarship*, eds. K. S. Cameron, J. E. Dutton, and R. E. Quinn (San Francisco, CA: Berrett-Koehler Publishers, 2003), 263-278, reseachgate.net/publication/262725459_The_Power_of_High_Quality_Connections.
＊27 Michael Prinzing, et al., “Staying ‘in Sync’ with Others During COVID-19: Perceived Positivity Resonance Mediates Cross-Sectional and Longitudinal Links Between Trait Resilience and Mental Health,” *The Journal of Positive Psychology* (2020), doi.org/10.1080/17439760.2020.1858336.
＊28 Diane Poole Heller, *The Power of Attachment: How to Create Deep and Lasting Intimate Relationships* (Boulder, CO: Sounds True, 2019).
＊29 John Bowlby, *Attachment and Loss: Attachment*, vol. 1 (New York: Basic Books, 1969)〔J・ボウルビィ／黒田実郎ほか訳『母子関係の理論1（愛着行動）』岩崎学術出版社，1991年〕.
＊30 Cindy Hazan and Philip R. Shaver, “Love and Work: An Attachment-Theoretical Perspective,” *Journal of Personality and Social Psychology* 59, no. 2 (1990): 270-280, doi.org/10.1037/0022-3514.59.2.270.
＊31 Cindy Hazan and Philip R. Shaver, “Romantic Love Conceptualized as an Attachment Process,” *Journal of Personality and Social Psychology* 52, no. 3 (1987): 511-524, doi.org/10.1037/0022-3514.52.3.511.

第3部　不屈の強さ

第6章　自分の中の弱さと強さを知る

＊1 Ralph Waldo Emerson, *Journal of Ralph Waldo Emerson, with Annotations — 1841-1844* (Pittsburgh, PA: Mellon Press, 2007)〔ブリス・ペリー編／富田彬訳『エマソンの日記（アメリカ思想史叢書Ⅸ）』有信堂，1960年〕.
＊2 William James, “The Energies of Men,” *Science* 25, no. 635 (1907).
＊3 André Comte-Sponville, *A Small Treatise on the Great Virtues: The Uses of Philosophy in Everyday Life* (New York) Henry Holt and Company, 2002), 45〔コント＝スポンヴィル『ささやかながら、徳について』76ページ〕.
＊4 René Descartes, *The Passions of the Soul and Other Late Philosophical Writings*, ed. M. Moriarty (Oxford, UK: Oxford University Press, 2015)〔デカルト／野田又雄訳『方法序説・

com/insights/this-week-in-leadership/how-empathy-adds-to-a-leaders-power.
＊3 Joan Marques, "Understanding the Strength of Gentleness: Soft-Skilled Leadership on the Rise," *Journal of Business Ethics* 116, no. 1 (2013): 163-171, doi.org/10.1007/S10551-012-1471-7.
＊4 Lao Tzu, *Tao Te Ching*, trans. James Legge, Sacred Books of the East, vol 39, 1891. sacred-texts.com/tao/taote.htm〔老子［原著］／蜂屋邦夫訳注『老子』岩波文庫, 2008 年ほか〕.
＊5 Andrea Appleton, "Cultivating Creativity," *Think* (Spring/Summer 2014), case.edu/think/spring2014/cultivating-creativity.html#.YfYuFPVBy3I.
＊6 J. E. Dutton, J. Lilius, and J. Kanov, "The Transformative Potential of Compassion at Work," in *Handbook of Transformative Cooperation: New Designs and Dynamics*, eds. S. Piderit, R. Fry, and D. Cooperrider (Stanford, CA: Stanford University Press, 2007), 107-126; Clifton B. Parker, "Compassion Is a Wise and Effective Managerial Strategy, Stanford Expert Says," Stanford News Service, May 21, 2015, news.stanford.edu/pr/2015/pr-compassion-workplace-seppala-052115.html.
＊7 Charles Duhigg, "What Google Learned from Its Quest to Build the Perfect Team," *New York Times Magazine*, February 25, 2016, nytimes.com/2016/02/28/magazine/what-google-learned-from-its-quest-to-build-the-perfect-team.html?smid=pl-share.
＊8 Edmondson, *The Fearless Organization*〔エドモンドソン『恐れのない組織』〕.
＊9 Amy C. Edmondson and Z. Lei, "Psychological Safety: The History, Renaissance, and Future of an Interpersonal Construct," *Annual Review of Organizational Psychology and Organizational Behavior* 1 (2014): 23-43, doi.org/10.1146/annurev-orgpsych-031413-091305.
＊10 Amy C. Edmondson, "The Local and Variegated Nature of Learning in Organizations," *Organization Science* 13, no. 2 (2002): 128-146.
＊11 Gareth Cook, "Why We Are Wired to Connect," *Scientific American*, October 22, 2013, scientificamerican.com/article/why-we-are-wired-to-connect/.
＊12 G. Šimić, et al., "Understanding Emotions: Origins and Roles of the Amygdala," *Biomolecules* 11, no. 6 (2021): 823, doi.org/10.3390/biom11060823.
＊13 Sage Media, "The ROI of Psychological Safety — Sage Advice: Episode 50," video, August 13, 2019, youtube.com/watch?v=a6pbDLHtNFM.
＊14 Brian Clark Howard, "Could Malcolm Gladwell's Theory of Cockpit Culture Apply to Asiana Crash?" *National Geographic*, July 11, 2013, nationalgeographic.com/adventure/article/130709-asiana-flight-214-crash-korean-airlines-culture-outliers.
＊15 Howard, "Could Malcolm Gladwell's Theory of Cockpit Culture Apply to Asiana Crash?"
＊16 Karen Kangas Dwyer and Marlina M. Davidson, "Is Public Speaking Really More Feard Than Death?" *Communication Research Reports* 29, no. 2 (2012): 99-107, tandfonline.com/doi/abs/10.1080/08824096.2012.667772.
＊17 Jean Decety Martineau and Eric Racine, "Social Neuroscience of Empathy and Its Implication for Business Ethics," in *Organizational Neuroethics: Reflections on the Contributions of Neuroscience to Management Theories and Business Practices*, eds. Jean Decety Martineau and Eric Racine (Cham, Switzerland: Springer, 2020), researchgate.net/publication/337605830_The_Social_Neuroscience_of_Empathy_and_Its_Implication_for_Business_Ethics.
＊18 Matt Trainer, "Strong Leadership Is Gentle," Medium (blog), medium.com/the-mission/strong-leadershio-is-gentle-4c1e9f69df65.
＊19 Anne Dufourmantelle, *The Power of Gentleness: Meditations on the Risk of Living* (New York: Fordham University Press, 2018), 22.

第 4 章 「がんばりすぎない」勇気

＊1 この言葉の出処については諸説あるが，一般には17世紀のジュネーブ司教の聖フランシスコ・サレジオ，または 19 世紀アメリカの牧師ラルフ・W・ソックマンの言葉とされる。

＊2 Melissa Nightingale, “Finnish Woman Emilia Lahti to Run 50 Ultramarathons, in 50 Days in New Zealand,” *New Zealand Herald*, January 11, 2018, nzherald.co.nz/nz/finnish-woman-emilia-lahti-to-run-50-ultramarathons-in-50-days-in-new-zealand/5DYJXB6DNVY4WIW6STNKSVIBDI.

＊3 André Comte-Sponville, *A Small Treatise on the Great Virtues: The Uses of Philosophy in Everyday Life* (New York: Henry Holt and Company, 2002), 186, 190〔アンドレ・コント＝スポンヴィル／中村昇，小須田健，C・カンタン訳『ささやかながら、徳について』紀伊國屋書店，1999 年，317・324 ページ〕.

＊4 Comte-Sponville, *A Small Treatise on the Great Virtues*, 186〔コント＝スポンヴィル『ささやかながら、徳について』318 ページ〕.

＊5 Brené Brown, *Dare to Lead: Brave Work. Tough Conversation. Whole Hearts.* (New York: Random House, 2018), 40.

＊6 Aristotle, *Aristotle in 23 Volumes*, vol. 19, trans. H. Rackham. (Cambridge, MA: Harvard University Press, 1934). Location of citation used: Nic. Eth, 1126a:6, data.perseus.org/citations/urn:cts:greekLit:tlg0086.tlg010.perseus-eng1:1126a〔アリストテレス／渡辺邦夫・立花幸司訳『ニコマコス倫理学 上』光文社古典新訳文庫，2015 年ほか〕.

＊7 Comte-Sponville, *A Small Treatise on the Great Virtues*, 186, 190〔コント＝スポンヴィル『ささやかながら、徳について』323 ページ〕.

＊8 Marcus Aurelius Antoninus, *The Meditations of the Emperor Marcus Aurelius Antoninus*, trans. Arthur Spenser Loat Farquharson (London, UK: Oxford University Press, 1944), book XI〔マルクス・アウレリウス／鈴木照雄訳『自省録』講談社学術文庫，2006 年ほか：第 11 巻〕.

＊9 Anne Dufourmantelle, *The Power of Gentleness: Meditations on the Risk of Living* (New York: Fordham University Press, 2018).

＊10 Rainer Maria Rilke, *Letters to a Young Poet*, trans. M. D. Herter Norton (New York: W. W. Norton and Co., 2004)〔ライナー・マリア・リルケ／佐藤晃一訳『若き詩人への手紙 改版』角川文庫，1973 年ほか〕.

＊11 Hazelden Betty Ford Foundation, “ABA, Hazelden Betty Ford Foundation Release First National Study on Attorney Substance Use,” press release, February 3, 2016, hazeldenbettyford.org/about-us/news-media/press-release/2016-aba-hazelden-release-first-study-attorney-substance-use.

＊12 Amy Edmondson, *The Fearless Organization: Creating Psychological Safety in the Workplace for Learning, Innovation, and Growth* (Hoboken, NJ: Wiley & Sons, 2018)〔エイミー・C・エドモンドソン／野津智子訳『恐れのない組織：「心理的安全性」が学習・イノベーション・成長をもたらす』英治出版，2021 年〕.

＊13 Edmondson, *The Fearless Organization*, 107〔エドモンドソン『恐れのない組織』139 ページ〕.

＊14 J. M. Lilius, et al., “Understanding Compassion Capability,” *Human Relations* 64, no. 7 (2011): 873-899, doi.org/10.1177/0018726710396250.

＊15 ジェーン・ダットン氏からの 2021 年 10 月 14 日付 e メール.

第 5 章 「ソフトスキル」の科学

＊1 Emma Seppälä and Kim Cameron, “The Best Leaders Have a Contagious Positive Energy,” Harvard Business Review, April 18, 2022, hbr.org/2022/04/the-best-leaders-have-a-contagious-positive-energy.

＊2 Daniel Goleman, “How Empathy Adds to a Leader’s Power,” Korn Ferry (blog), kornferry.

understand_power?language=en〔エリック・リュー「一般市民こそ権力を理解するべきホントの理由」(日本語トランスクリプト付き動画):https://www.ted.com/talks/eric_liu_why_ordinary_people_need_to_understand_power/transcript?language=ja〕.
＊6 Rye Barcott, *It Happened on the Way to War: A Marine's Path to Peace* (New York: Bloomsbury, 2011)
＊7 N. E. Dunbar and J. K. Burgoon, "Perceptions of Power and Interactional Dominance in Interpersonal Relationships," *Journal of Social and Personal Relationships* 22 (2005): 207-233.
＊8 A. K. Farrel, J. A. Simpson, and A. J. Rothman, "The Relationship Power Inventory: Development and Validation," *Personal Relationships* 22 (2005): 387-413, semanticscholar.org/paper/The-relationship-power-inventory%3A-Development-and-Farrell-Simpson/a154e1dbe4ead673164d14f0b2a864e2132c0467.
＊9 J. R. P. French Jr. and B. H. Raven, "The Bases of Social Power," in *Studies in Social Power*, ed. D. Cartwright (Ann Arbor, MI: University of Michigan Press, 1959), 150-167〔ジョン・R・P・フレンチ二世, バートラム・レーヴン「社会的勢力の基盤」D・カートライト編『社会的勢力』誠信書房, 1962年, 193-217ページ〕.
＊10 Dacher Keltner, *The Power Paradox: How We Gain and Lose Influence* (New York: Penguin Books, 2016).
＊11 William James, "The Energies of Men," *Science* 25, no. 635 (1907): 321-332.
＊12 American Psychological Association, "Stress Effects on the Body," American Psychological Association (blog), November 1, 2018, apa.org/topics/stress/body.
＊13 I. Milosevic, S. Maric, and D. Loncar, "Defeating the Toxic Boss: The Nature of Toxic Leadership and the Role of Followers," *Journal of Leadership & Organizational Studies* 27, no. 2 (2019): 117-137, doi.org/10.1177/1548051819833374.
＊14 Jean Lipman-Blumen, *Toxic Leadership: A Conceptual Framework* (Claremont, CA: Claremont Graduate University, 2005).
＊15 John Paul Steele, "Antecedents and Consequences of Toxic Leadership in the U. S. Army: A Two Year Review and Recommended Solutions," *Center for Army Leadership* (June 2011): 1-37.
＊16 Milosevic, Maric, and Loncar, "Defeating the Toxic Boss."
＊17 Keltner, *The Power Paradox*, 2-3.

第2部　やさしさとは何か

第3章　なぜ、自分に厳しくすることを選んでしまうのか

＊1 William Shakespeare, *As You Like It* (New York: Penguin Books, 2000)〔シェイクスピア／河合祥一郎訳『新訳お気に召すまま』角川文庫, 2018年ほか〕.
＊2 Martin E. P. Seligman, *Authentic Happiness: Using the New Positive Psychology to Realize Your Potential for Lasting Fulfillment* (New York: Atria Books, 2002)〔マーティン・セリグマン／小林裕子訳『ポジティブ心理学が教えてくれる「ほんものの幸せ」の見つけ方:とっておきの強みを生かす』パンローリング, 2021年〕.
＊3 A. I. Duckworth, T. A. Steen, and M. E. P. Seligman, "Positive Psychology in Clinical Practice," *Annual Reviews of Clinical Psychology* 1 (2005): 629-651, doi.org/10.1146/annurev.clinpsy.1.102803.144154; Martin E. P. Seligman and Mihalyi Csikszentmihalyi, "Positive Psychology: An Introduction," *American Psychologist* 55, no. 1 (2000): 5-14, doi.org/10.1037/0003-066X.55.1.5.
＊4 Duckworth, Steen, and Seligman, "Positive Psychology in Clinical Practice."

原注

〔参照資料で既刊の邦訳のあるものについては、その書名等を併記している。〕

エピグラフ

＊1　Peter A. Levine, *Waking the Tiger: Healing Trauma* (Berkeley, CA: North Atlantic Books, 1997)〔ピーター・リヴァイン／藤原千枝子訳『心と身体をつなぐトラウマ・セラピー』雲母書房, 2008年〕.

まえがき

＊1　Martin Luther King, Jr., *Where Do We Go from Here: Chaos or Community?* (Boston, MA: Beacon Press, 1967)〔マーチン・ルーサー・キング／猿谷要訳『黒人の進む道：世界は一つの屋根のもとに』サイマル出版会, 1981年〕.

序章

＊1　Hudson Strode, "Sisu: A Word That Explains Finland," *New York Times*, January 14, 1940, nytimes.com/1940/01/14/archives/sisu-a-word-that-explains-finland.html.

＊2　Oskari Tokoi, *Sisu: Even Through a Stone Wall* (New York: Robert Speller and Sons, 1957)

＊3　Damon Beres, "Most Honest Cities: The Reader's Digest 'Lost Wallet' Test," *Reader's Digest* (blog), August 26, 2018, rd.com/list/most-honest-cities-lost-wallet-test/.

第1部　リーダーシップとパワーを問い直す

第1章　小さな「リーダーシップ」から始まる

＊1　David R. Hawkins, *Power vs. Force: The Hidden Determination of Human Behavior* (London, UK: Hay House, 2014)〔デヴィッド・R・ホーキンズ／エハン・デラヴィ, 愛知ソニア訳『パワーか、フォースか：人間の行動様式の隠された決定要因（改訂版）』ナチュラルスピリット, 2018年〕.

＊2　Timothy D. Wilson, *Strangers to Ourselves: Discovering the Adaptive Unconscious* (Cambridge, MA: The Belknap Press of Harvard University Press, 2004)〔ティモシー・ウィルソン／村田光二監訳『自分を知り、自分を変える：適応的無意識の心理学』新曜社, 2005年〕.

＊3　Y. N. Harari, "In the Battle Against Coronavirus, Humanity Lacks Leadership," *Time*, March 15, 2020, time.com/5803225/yuval-noah-harari-coronavirus-humanity-leadership/〔ユヴァル・ノア・ハラリ／柴田裕之訳「人類はコロナウイルスといかに闘うべきか——今こそグローバルな信頼と団結を」Web河出, 2020年3月24日, https://web.kawade.co.jp/bungei/3455/〕.

＊4　Jason Digges, *Conflict = Energy: The Transformative Practice of Authentic Relating* (n.p.: ART International, 2020).

第2章　パワー恐怖症を克服する

＊1　Bertrand Russell, *Power: A New Social Analysis* (New York: Norton, 1938)〔バートランド・ラッセル『権力：その歴史と心理』東宮隆訳, みすず書房, 1951年〕.

＊2　Abraham H. Maslow, *Personality and Growth: A Humanistic Psychologist in the Classroom* (Anna Maria, FL: Maurice Bassett, 2019)

＊3　Maslow, *Personality and Growth*, 334

＊4　Maslow, *Personality and Growth*, 335

＊5　Eric Liu, "Why Ordinary People Need to Understand Power," September 3, 2013, produced for TED.com, video, 17:06, ted.com/talks/eric_liu_why_ordinary_people_need_to_

[著者紹介]

エミリア・エリサベト・ラハティ（Emilia Elisabet Lahti, Ph.D.）

受賞歴のある教育者であり、応用心理学の研究者。勇気と思いやりの表現としての日常的なリーダーシップを基盤とするコミュニティや職場風土の構築を支援する「シス・ラボ（Sisu Lab）」創設者。科学と精神性をうまく融合させて、日々の生活に応用する道を見つけることに情熱を注ぐ。

フィンランドのタンペレ大学で社会心理学の修士号を取得後、米国のペンシルベニア大学でマーティン・セリグマンとアンジェラ・ダックワースの下で学び、応用ポジティブ心理学の修士号を取得。2012年にフィンランド特有の概念である「シス」の研究に着手して以降、博士研究の中で、ウルトラ耐久走や東洋の武道、さらに一連の自己変革とスピリチュアルな探求を通じて、自分自身のシスの限界を探ってきた。

ラハティのシスに関する研究は、『ザ・ニューヨーカー』誌、ニュースサイト「ビジネス・インサイダー」、BBC（英国放送協会）、『フォーブス』誌など各種メディアで取り上げられた。フィンランドで生まれ育ち、その後はさまざまな国に住み、教壇に立ってきた。これまでにフォーチューン500企業や、TEDx、スタンフォード大学、カリフォルニア大学バークレー校などで講演を行っている。フィンランド・ポジティブ心理学会の創設メンバーで、人生のあらゆる領域における非暴力と能動的な思いやりに関わる行動と研究の推進を目的とした非営利活動「シス・ノット・サイレンス（Sisu Not Silence）」の創設者でもある。2018年には、対人暴力を克服した人々の強さを称えるキャンペーンとして、ニュージーランドを縦断する全長約2400キロをランと自転車で50日かけて走破。どんな形の虐待も一切許容しない風土の醸成を支援するための対面イベントを、沿道各地で開催した。

一個人としては、心のつながりと思いやりの促進剤になることを人生の使命としている。ただ、そうすることは結局のところ、自分の心と親密かつ正直に対話することにほかならないことも理解している。詳しくは、シス・ラボのウェブサイト（sisulab.com）を参照されたい。

[訳者紹介]

古賀祥子（こがさちこ）

翻訳家。東京外国語大学英米語学科卒業。訳書に、『子どもの「できた！」を支援するCO-OP アプローチ』（金子書房）、『運はどこからやってくる？』（共訳、サンマーク出版）、『コモンウェルス』（共訳、NHK 出版）、『自閉症スペクトラムの青少年のソーシャルスキル実践プログラム』（明石書店）、『ワールド・イズ・ブルー』（日経ナショナル ジオグラフィック社）など。

装　丁　小口翔平＋神田つぐみ（tobufune）
本文デザイン　トモエキコウ（荒井雅美）
DTP　キャップス

「弱《よわ》いまま」で働《はたら》く
やさしさから始《はじ》める小《ちい》さなリーダーシップ論《ろん》

2024年10月2日　初版発行

著　者　エミリア・エリサベト・ラハティ
訳　者　古賀祥子《こがさちこ》
発行者　山下直久
発　行　株式会社 KADOKAWA
〒102-8177　東京都千代田区富士見2-13-3
電話 0570-002-301（ナビダイヤル）
印刷・製本　大日本印刷株式会社

●お問い合わせ
https://www.kadokawa.co.jp/（「お問い合わせ」へお進みください）
※内容によっては、お答えできない場合があります。
※サポートは日本国内のみとさせていただきます。
※ Japanese text only
定価はカバーに表示してあります。

ISBN 978-4-04-114498-5 C0030